华章图书

一本打开的书，一扇开启的门，
通向科学殿堂的阶梯，托起一流人才的基石。

www.hzbook.com

FINTECH

一本书读透
金融科技安全

吴湘泰 范军 黄明卓 / 著

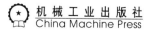

机械工业出版社
China Machine Press

图书在版编目（CIP）数据

一本书读透金融科技安全 / 吴湘泰，范军，黄明卓著 . -- 北京：机械工业出版社，2021.4
ISBN 978-7-111-67821-2

I. ①一… II. ①吴… ②范… ③黄… III. ①金融企业 – 科学技术 – 安全管理 – 研究 IV. ①F831

中国版本图书馆 CIP 数据核字（2021）第 053372 号

一本书读透金融科技安全

出版发行：	机械工业出版社（北京市西城区百万庄大街 22 号　邮政编码：100037）
责任编辑：	孙海亮
责任校对：	马荣敏
印　　刷：	三河市宏图印务有限公司
版　　次：	2021 年 4 月第 1 版第 1 次印刷
开　　本：	147mm × 210mm　1/32
印　　张：	8.625
书　　号：	ISBN 978-7-111-67821-2
定　　价：	89.00 元

客服电话：（010）88361066　88379833　68326294　　投稿热线：（010）88379604
华章网站：www.hzbook.com　　　　　　　　　　　　读者信箱：hzit@hzbook.com

版权所有·侵权必究
封底无防伪标均为盗版　　本书法律顾问：北京大成律师事务所　韩光 / 邹晓东

前 言

金融科技随着人工智能、区块链、云计算、大数据（简称ABCD）等新技术的迅猛发展而不断发展，数字货币、刷脸支付、智能投顾、监管沙箱等新业务、新业态、新型监管模式层出不穷，伴随而来的还有新型安全问题。对金融消费者、金融行业、金融监管者来说，这些问题都是要面对的。比如下面这些问题就是当下大家关注的焦点：

- 金融科技安全正处于什么背景下？
- 金融科技安全正在面临的挑战是怎样的？
- 金融科技安全到底有什么价值？
- 业务安全、应用安全、数据安全、网络安全、移动安全会面临哪些挑战？
- 面对不同的挑战，我们应该如何应对？
- 如何平衡用户体验和安全之间的关系？
- 如何满足监管合规对金融科技安全的要求？
- 金融科技安全未来会如何发展？

基于以上问题，加之对金融科技安全的好奇之心，来自一线科技咨询公司、头部金融科技公司以及传统银行三个不同领域的我们聚在一起，把我们对金融科技安全的理解、解决多个难题的经验、实践中获得的心得，以图书的形式分享给众多读者，希望能帮助大家解决正在面临的难题。

本书可以帮助广大金融科技领域的从业者、学者和研究人员全面掌握金融科技安全的整体框架、脉络，并为正在面临相关问题的读者提供应对策略。书中不仅对当前金融科技领域中的应用安全、数据安全、业务安全、移动安全等进行了梳理和剖析，还探讨了如何平衡用户体验和安全的关系、如何在充分保护隐私的情况下进行数据交换等热点话题。

本书共分10章，围绕"安全的本质是信任"这一核心主题展开，对金融科技演进中的安全风险、安全价值、业务安全、应用安全、数据安全、网络安全、移动安全、用户体验和安全、监管合规要求及未来发展趋势这10个大主题的上百个小话题进行了深入介绍。其中范军负责前期项目策划以及第6章、第7章、第9章的撰写工作，黄明卓负责第3章、第4章的撰写工作，吴湘泰负责整体策划以及第1章、第2章、第5章、第8章和第10章的撰写工作。

本书得以顺利出版，首先要感谢我的两位合作者，他们的无私奉献和辛苦付出是本书质量的保障。范军老师在项目启动时针对出版项目的规划、写作思路提出很多宝贵建议；黄明卓老师在蚂蚁金服的工作强度特别大，但是他依然在工作之余奋笔疾书。其次要感谢机械工业出版社华章公司的杨福川老师和孙海亮老师，他们在我们写作过程中不断鼓励、督促并提出建议和反馈，对我们这几个没有任何写书经验的"菜鸟"帮助很大。此外还要感谢陶钧先生、邵浩先生前期的牵线，没有他们的启发和引荐，我们与出版社不可能这么快地建立联系。还要感谢Nee Li、Jason Gu的提点，他们从行业专家的角度提出了宝贵的意见和建议。当然，更要感谢我们的家人，是他们给了我们理解和支持，才让我们有了更多写作时间。

这里要特别感谢 David Jiang 老师，他拥有深厚的安全咨询功力。在本书写作过程中，他提出了很多宝贵意见，尤其是与应用安全相关的内容，他的指导和付出让这部分内容大放异彩。

由于金融科技依然处于快速发展之中，我们也在金融科技安全领域不停地探索着，再加上写作时间有限，所以书中难免会存在谬误或者不准确之处，在此恳请读者不吝赐教（可发送邮件至214399230@qq.com），在大家的鞭策、批评之下，我们一定能再次出发。

吴湘泰

目 录

前言

第 1 章 金融科技时代的网络安全问题 ... 1

1.1 金融科技时代的安全挑战 ... 2
- 1.1.1 新技术挑战 ... 3
- 1.1.2 业务挑战 ... 4
- 1.1.3 法规监管的挑战与实践 ... 5
- 1.1.4 内部运营管理存在的问题 ... 10
- 1.1.5 行业协同机制亟待建立或完善 ... 11
- 1.1.6 关键供应链安全挑战 ... 12

1.2 金融科技发展历程 ... 13
- 1.2.1 金融科技的 3 个时代 ... 13
- 1.2.2 以 ABCD 为标志的金融科技时代 ... 15

1.3 金融科技的定义和影响 ... 16
- 1.3.1 什么是金融科技 ... 16
- 1.3.2 金融科技解决了什么问题 ... 19
- 1.3.3 金融科技面临的问题 ... 20

1.4	应对未来金融安全挑战的思路	21
	1.4.1 传统金融安全实践	22
	1.4.2 完善金融科技安全的工作思路	23
1.5	小结	26

|第2章| 安全的价值 — 27

2.1	信任的代价	28
	2.1.1 黑客和存在漏洞的系统	28
	2.1.2 个人征信数据隐患重重	31
	2.1.3 跨境资金安全堪忧	32
2.2	衡量金融科技安全的价值	34
	2.2.1 安全的核心价值是信任	34
	2.2.2 常用的信息安全价值衡量方法	36
	2.2.3 金融科技安全价值定位	42
2.3	金融科技安全价值构建	44
	2.3.1 保证安全与业务目标的一致性	44
	2.3.2 安全价值构建步骤	45
2.4	金融科技安全价值构建及投资案例	47
	2.4.1 面临的风险	47
	2.4.2 整体执行	47
	2.4.3 建设项目	48
2.5	小结	51

|第3章| 业务安全 — 53

3.1	如何理解业务安全	54
3.2	业务安全价值浅析	55

3.3 业务安全的实现 ... 56
    3.3.1 业务风险的分类及分段管理 ... 56
    3.3.2 从业务链路角度保障安全 ... 60
3.4 业务安全体系的运转及与其他域的集成 ... 64
3.5 小结 ... 65

第 4 章 应用安全 ... 67

4.1 概述 ... 68
4.2 应用安全管理的科技需求和框架 ... 69
    4.2.1 应用安全生命周期管理的科技需求 ... 69
    4.2.2 端到端的应用安全管理框架 ... 71
4.3 整体安全体系 ... 73
4.4 整体安全架构 ... 74
4.5 场景化分析 ... 74
    4.5.1 安全场景分类 ... 76
    4.5.2 威胁分析 ... 79
    4.5.3 安全控制库 ... 86
    4.5.4 安全控制级别 ... 87
4.6 安全系统开发生命周期管理中控制措施的落地 ... 88
    4.6.1 安全系统开发生命周期管理概述 ... 89
    4.6.2 应用安全设计框架 ... 91
    4.6.3 安全设计技术要求库 ... 93
    4.6.4 安全设计组件/安全模块 ... 93
4.7 开放银行与 API 安全 ... 99
    4.7.1 开放银行标准 ... 100
    4.7.2 API 安全 ... 102
4.8 小结 ... 107

第5章 数据安全　　109

- 5.1 数据资产面临的威胁和挑战　　110
- 5.2 金融科技行业的数据及数据安全　　111
  - 5.2.1 数据的定义　　111
  - 5.2.2 数据资产估值和暗数据　　112
  - 5.2.3 如何理解数据安全　　114
- 5.3 数据安全管理参考框架　　115
- 5.4 解决数据孤岛和隐私保护问题　　119
- 5.5 小结　　122

第6章 网络安全　　123

- 6.1 金融企业安全技术架构　　124
- 6.2 分级保护原则　　126
  - 6.2.1 系统安全级别　　127
  - 6.2.2 网络安全域　　130
  - 6.2.3 数据安全级别　　133
- 6.3 身份和访问管理体系　　139
  - 6.3.1 概述　　139
  - 6.3.2 身份和访问管理目标　　141
  - 6.3.3 面向应用和数据的统一身份和访问管理架构　　142
  - 6.3.4 本地管理模式　　147
- 6.4 网络边界安全体系　　150
  - 6.4.1 概述　　150
  - 6.4.2 网络边界防护目标　　151
  - 6.4.3 边界防护措施　　152
  - 6.4.4 无线边界安全　　156

		6.4.5 合作机构边界安全	157
	6.5	小结	158

第7章 移动安全 159

	7.1	概述	160
	7.2	移动安全的基本需求与应对策略	161
		7.2.1 移动安全的基本需求	161
		7.2.2 移动安全策略	164
		7.2.3 企业的安全管理和运营能力	165
	7.3	移动安全治理的核心要素及实施流程	166
	7.4	身份与访问管理的原则与认证	167
		7.4.1 身份与访问管理的原则	168
		7.4.2 基于云的身份与访问管理中的6个认证方式	169
		7.4.3 移动认证和多要素认证方案——Intercede	175
	7.5	移动应用安全	176
		7.5.1 移动应用安全的策略	176
		7.5.2 移动应用安全生命周期	178
		7.5.3 移动应用的安全代码规范	179
		7.5.4 移动应用安全代码审核	180
		7.5.5 移动应用的容器化安全	181
	7.6	移动数据安全	182
	7.7	移动网络安全	185
	7.8	移动设备安全	189
	7.9	小结	195

第8章 安全的用户体验 197

	8.1	安全与用户体验面面观	198

	8.1.1	安全与用户体验的几种关系	198
	8.1.2	CFCA 对电子银行的调研	199

8.2 安全体验互动模式　　　　　　　　　　　203
　　8.2.1 UX 和 CX　　　　　　　　　　　　203
　　8.2.2 技术接受模型　　　　　　　　　　204
　　8.2.3 体验和安全的整合　　　　　　　　205
8.3 金融科技领域的用户体验实践　　　　　　207
　　8.3.1 蚂蚁金服的 AUX　　　　　　　　　207
　　8.3.2 度小满的 ONE　　　　　　　　　　210
8.4 统一访问服务　　　　　　　　　　　　　212
8.5 小结　　　　　　　　　　　　　　　　　218

第 9 章 监管合规　　　　　　　　　　　　　219

9.1 概述　　　　　　　　　　　　　　　　　220
9.2 国内外网络风险监管法规　　　　　　　　221
　　9.2.1 国内网络风险的监管法规与背景　　221
　　9.2.2 国际网络风险的监管法规与背景　　225
　　9.2.3 国际网络安全实践的借鉴意义　　　229
9.3 国内外网络安全标准　　　　　　　　　　231
　　9.3.1 国际信息安全标准　　　　　　　　231
　　9.3.2 国内信息安全标准　　　　　　　　232
9.4 重点领域的监管合规思路　　　　　　　　234
　　9.4.1 全球化的网络安全合规　　　　　　234
　　9.4.2 GDPR 下的数据安全体系　　　　　240
9.5 完善网络风险监管的工作思路　　　　　　244
9.6 小结　　　　　　　　　　　　　　　　　246

| 第10章 | 金融科技发展展望 | 247

 10.1 威胁的发展趋势和应对之道 248

  10.1.1 凭证和身份盗用 249

  10.1.2 数据盗窃和操纵 250

  10.1.3 破坏性恶意软件 252

  10.1.4 新兴技术是一把双刃剑 253

  10.1.5 虚假信息 254

  10.1.6 供应链安全 255

 10.2 监管政策 255

  10.2.1 安全可控——夯实安全的底层 255

  10.2.2 金融科技规划 256

 10.3 新的安全方法论 258

  10.3.1 新的安全方法论框架 258

  10.3.2 新的安全架构方法 259

  10.3.3 平衡风险和信任的CARTA 262

 10.4 小结 263

第 1 章 CHAPTER
金融科技时代的网络安全问题

本章主要探讨以下问题：
- 金融机构中的网络安全涉及哪些范畴？
- 金融机构中的网络安全工作存在哪些问题？
- 金融科技领域发展中有哪些历程和关键里程碑？这些历程和关键里程碑的意义是什么？
- 什么是金融科技？有哪些主要的定义方法？
- 金融科技通过什么特别的资源、方法、手段解决了什么问题？
- 金融科技在哪些领域有哪些表现形式？
- 对于金融科技，国内外金融行业和监管部门有哪些主要的看法和行为？
- 金融科技面临的主要挑战有哪些？
- 有哪些方法可以定位金融科技安全问题？
- 各种网络安全法规对金融机构意味着什么？
- 根据《网络安全法》㊀，金融机构网络安全的哪些方面需要进行改变？
- 金融科技安全的本质是什么？这种本质和信息、信息科技、金融、金融科技之间是什么关系？
- 要体现金融科技安全的本质，有哪些安全模型？传统的和有代表性的安全模型有哪些？

1.1 金融科技时代的安全挑战

金融科技时代，新的科技结合新的业务模式，给金融机构、消费者、监管当局乃至经济环境带来了新的服务体验、服务形式，尤其是在便利性方面有了很大提升。但由于新技术的引入、新业务

㊀ 《中华人民共和国网络安全法》，简称《网安法》或《网络安全法》。

模式的出现、新法规的颁布，以及固有的内部运营管理、行业协同、供应链安全等面临的挑战（见图1-1），诸多安全问题出现并不停地干扰着金融行业的正常秩序。

图1-1　金融科技时代的安全挑战

1.1.1　新技术挑战

对于金融科技的底层架构来说，由于有新技术的加入，量和质均发生了变化，同时，现有信息安全技术体系的有效性也将面临巨大考验。业务安全、数据安全、系统安全、网络安全等，需要适应新环境下的业务模式与技术架构，其中：

- **应用安全方面**：随着技术环境和业务生态圈由封闭走向开放，以及应用场景不断向多样化、复杂化演进，应用安全问题变得日益复杂。
- **数据安全方面**：当前的金融机构和互联网公司一样，都将数据作为"生产资料"。随着大数据应用场景的范围不断增大和深入，金融行业的数据量显著增长。与此同时，金融机构的数据泄露事件层出不穷，数据分级、加密、访问权限控制等安全措施对海量计算和弹性计算提出了更高的要求。

- **系统安全方面**：快速发展的云技术，因为在计算、存储、可靠性、可扩展性、规模经济等方面具有优势，所以在金融行业内逐渐获得大范围应用。但由于金融云存在缺乏安全标准、隐私保护不规范、服务等级保障不足、租户和托管方之间缺乏信任、行业监管穿透等问题，可能会导致较多安全管理风险。
- **网络安全方面**：生态圈的扩大和新技术的多样性，使得传统网络边界成为"马其诺防线"，ATP 攻击、DDoS 攻击、勒索病毒等新兴降维攻击模式，令传统网络安全策略和模式无法再满足当前金融科技发展的需求。

1.1.2 业务挑战

银保监会对金融科技带来的业务挑战进行了总结，提出如下几方面的问题。

1）**金融科技在效率、规模、生态等方面存在优势，正在不断削弱传统金融机构的盈利能力。** 金融科技的发展，已让传统银行的部分业务被分流，也对现有的传统银行的盈利模式和盈利能力形成挑战。比如，以支付宝、腾讯金融为代表的新型"存贷汇"平台，依靠云计算和大数据等技术，以及各自的电商或社交生态，携海量用户、无所不包的商品服务、全新的商业模式，实现了金融服务的革新，对传统银行的服务模式形成了巨大挑战。

2）**增加了信息科技风险等金融机构自身操作风险。** 金融机构通常采用与外部机构合作的形式，这就增加了风险管理的复杂度。

3）**有可能提高整体行业风险水平。** 金融科技企业在增加金融服务可获得性的同时，有可能降低客户的门槛，形成逆向选择，从而引入更多包括高概率违约者或欺诈者在内的高风险客户。因为尚未经过经济周期性考验，缺乏可参考的历史数据，所以存在风险低估和错误定价等问题是在所难免的。

4）**"随时、随地、随需"的金融服务会增大金融机构受到外部冲击的概率，对实时监测和突发事件处置能力形成挑战**。此外，金融科技机构是靠在市场经济环境下追求业务高增长和市场份额来保证自身生存的，这就会带来一个挑战：需要解决业务高速发展中不断出现的新情况和新问题。

1.1.3 法规监管的挑战与实践

首先从国家层面看，《网络安全法》于2017年6月1日起正式实施。这是中国第一部聚焦网络安全领域的基础性法律，从顶层设计角度明确了国家、组织、公民维护网络安全的责任和义务，对保障国家网络空间主权、促进网络应用健康发展、打击网络违法犯罪、维护公民和组织合法权益具有重大意义。

自《网络安全法》进入立法程序以来，国家网信办、工信部、公安部、中国人民银行、原银监会等国家相关部委相继出台了一系列配套法规与举措。《网络安全法》将对包括银行业金融机构在内的依托网络提供服务的社会各类组织产生深远影响，有助于保障网络及关键信息系统运行安全、保护用户信息安全、做好监测预警与应急处置等。

从银行业监管层面来看，原银监会针对银行业金融机构网络安全颁布了一系列监管指引文件。2014年发布的《关于应用安全可控信息技术加强银行业网络安全和信息化建设的指导意见》（银监发〔2014〕39号），提出要推动建立银行业网络安全可控信息技术的长效机制，要求境内银行机构的安全可控信息技术使用率在2019年年末达到不低于75%的"红线目标"。2017年发布的《中国银监会办公厅关于加强网络信息安全与客户信息保护有关事项的通知》(银监办发〔2017〕2号),明确提出银行业应部署多层次网络安全技术防护体系,首次针对客户信息安全防护提出系统性监管要求,并要求金融机构按期完成自查。一系列监管指引,有助于金融机构建立网络安全保障组织架构、安全制度体系与重要数据保护机制等网络安全防范体系,从而有效抵御网络风险。

1.《网络安全法》的要求

《网络安全法》是落实"没有网络安全就没有国家安全",建立严格的网络治理指导方针的一个重要里程碑。《网络安全法》的颁布标志着我国在保护网络空间安全、保护公民/法人和其他组织的合法权益、加强网络空间管理、打击网络犯罪方面迈入新阶段,将在未来几十年里影响包括金融行业在内的诸多领域。

《网络安全法》由7章79项条款组成,覆盖范围广泛。它包含一个全局性的框架,旨在加强网络安全、明确保护个人隐私和敏感信息,以及维护国家网络空间主权和安全。《网络安全法》与一些常用的网络安全标准(如美国国家标准与技术研究所(NIST)的网络安全框架以及ISO 27000和ISO 27001)类似,主要强调在网络产品、服务、运营、信息安全,以及监测、早期诊断、应急响应和报告等方面的要求。在保护个人数据隐私方面,《网络安全法》所起到的作用与其他国家的数据隐私相关法律法规正在逐步接近。

《网络安全法》在附则中进一步明确了几个基本定义:

- ❏ **网络安全**是指通过采取必要措施,防范对网络的攻击、侵入、干扰、破坏和非法使用以及意外事故,使网络处于稳定、可靠运行的状态,以及保障网络数据的完整性、保密性、可用性。
- ❏ **网络**是指由计算机或者其他信息终端及相关设备组成的,

按照一定的规则和程序对信息进行收集、存储、传输、交换、处理的系统。
- **个人信息**是指以电子或者其他方式记录的能够单独或者与其他信息结合识别自然人个人身份的各种信息,包括但不限于自然人的姓名、出生日期、身份证件号码、个人生物识别信息、住址、电话号码等。

这里的网络安全,更接近英语的 Cyber Security,可以认为《网络安全法》是我国在网络空间实施的法律。金融科技机构在法律主体上应属于《网络安全法》规定的网络运营商,而如果客户规模和社会影响等指标达到一定程度,则有可能被纳入关键信息基础设施(Critical Information Infrastructure)。所以金融机构需要做好以下6项工作:

- 根据网络安全等级保护制度的要求,明确履行安全保护义务;
- 网络和重要信息系统建设要遵循同步规划、同步建设、同步使用的"三同步原则";
- 建立健全网络安全监测预警和信息通报制度;
- 采取措施,防止信息泄露、毁损、丢失;
- 制定网络安全事件应急预案,并定期组织演练;
- 开展内部审计,确保《网络安全法》贯彻实施。

自2010年至今(本书截稿时),我国由工信部、公安部、中国人民银行、原银监会等发布了多个与网络安全相关的法规,比如《网络关键设备和网络安全专用产品目录(第一批)》《国家网络安全事件应急预案》《关键信息基础设施安全保护条例(征求意见稿)》《个人信息和重要数据出境安全评估办法(征求意见稿)》《工业控制系统信息安全事件应急管理工作指南》《银行计算机安全事件报告管理制度》《网上银行系统信息安全通用规范》《中国银监会办公厅关于加强网络信息安全与客户信息保护有关事项的通知》等，读者可以自行查阅。

2. 我国对个人信息保护的法律要求

金融科技发展进程中，数字化转型日益深入，金融机构在日常业务中高度依赖各类个人金融信息，包括身份、财产、信用、交易、衍生信息等。由此可见，个人金融信息是通过对"身份信息""账户信息""财产信息"等个人信息进行扩展与深化得到的，与个人的利益、权利息息相关。与此同时，非法利用个人金融信息的现象频频出现，这不但严重侵害了公民的隐私权和财产权，也破坏了金融管理秩序，甚至威胁到了国家安全。因此，在个人金融信息保护和利用之间需要达成新的平衡。国际上早已开始关注对个人信息的保护，并发布了多项个人信息保护相关的标准。

除了《网络安全法》外，我国也相继推出个人信息保护方面的法规和条例，比如《中华人民共和国刑法修正案（五）》《中华人民共和国刑法修正案（七）》《中华人民共和国刑法修正案（九）》，以及金融业务体系规定方面的《征信业管理条例》《关于银行业金融机构做好个人金融信息保护工作的通知》《关于金融机构进一步做好客户个人金融信息保护工作的通知》《中国人民银行关于进一步加强银行卡风险管理的通知》《证券公司开立客户账户规范》《个人信息保护指引》等。随着信息技术的发展，与金融业务相关的个人金融信息日益突破金融机构的壁垒，逐渐向互联网、电子商务、通信、交通、医疗等行业渗透。对于个人金融信息的保护，已突破了金融行业的界限。中国人民银行牵头制定了《个人金融信息保护指南》，进一步规范了个人金融信息保护的措施。

3. 国外的法律实践

随着经济全球化进一步发展，跨境贸易、跨境投资、跨境服务等成为常见金融活动，而跨境操作以及信息资源的跨境整合，也使个人金融信息的跨境流动成为一种常态。在这种大背景下，需要考虑以下几个问题。

1）**不同国家、地区或相关组织的司法管辖问题**：金融科技企业要考虑不同国家或组织发布的相关规定。

- 国际标准化组织（ISO）发布的《隐私保护框架》《隐私体系结构框架》《隐私能力评估模型》《隐私影响评估指南》。
- 美国国家标准与技术研究所（NIST）发布的《联邦信息系统隐私与安全控制》《保护个人可标识信息（PII）的保密指南》等。
- 经合组织（OECD）发布的《保护个人信息跨国传送及隐私权指导纲领》等。
- 欧盟于 2018 年 5 月 25 日出台的《通用数据保护条例》（GDPR），为欧盟公民个人数据处理制定了一套统一的法律和更严格的规定，也规定了对违规行为的严厉处罚措施。这些处罚是以行政罚款的形式出现的，可以对任何类型的违反 GDPR 的行为进行处罚，包括纯粹程序性的违规行为。其罚款的范围为 1000 万到 2000 万欧元，或上一年度企业全球年营业额的 2% 到 4%。

这些不同国家与地区的法规，对金融科技在不同国家与地区的发展提出了更为复杂的要求。

2）**跨境执法的复杂性问题**：随着电子商务、移动支付等数字金融服务的不断发展，个人信息也随之成为金融交易的重要组成部分，用户在享受网络带来的便捷的同时，个人信息等敏感信息也随之进入不同的司法管辖区。在个人金融信息跨境流动的过程中，如果被不法分子窃取、泄露或利用，将严重侵害个人的合法权益，导致遭受重大的经济损失，甚至人身安全受到威胁。因为攻击行为的主体和传统安全中的攻击主体不同，攻击者不一定在窃取现场，甚至不一定在同一个司法管辖区，所以发生资金盗取、信息泄露后的取证、溯源、维权工作难度较大。

3）**跨境国际监管问题**：在海外发展业务时，还会面临所在国受国际制裁或者所在国税收等引发的问题，比如若在被联合国制裁的国家违规开展支付业务，就可能引起国际问题，另外若未与交易发生国进行税务协商就直接使用该国货币进行服务或者商品交易并进行清结算，则可能导致该国阻断相关服务或者追究相关组织（或个人）的刑事责任。

4. 各国金融监管当局的实践

2017年5月15日，中国人民银行宣布成立金融科技委员会，旨在加强对金融科技工作的研究、规划和统筹协调。在风险和安全防控方面的主要工作有：

- ❏ 研究金融科技发展对货币政策、金融市场、金融稳定、支付清算等的影响，做好金融科技发展战略规划与政策指引；
- ❏ 进一步加强国内外交流合作，建立健全适合我国国情的金融科技创新管理机制，处理好安全与发展的关系，引导新技术在金融领域的正确使用。
- ❏ 强化监管科技（RegTech）应用实践，积极利用大数据、人工智能、云计算等技术丰富金融监管手段，提升对跨行业、跨市场交叉性金融风险的甄别、防范和化解能力。

英国金融行为监管局（FCA）提出"监管沙箱"（Regulatory Sandbox）项目。英国政府支持新兴业态发展，提出要营造有利的监管环境，通过监管沙箱可以在适当范围内有效隔离、缓释创新业务带来的业务风险和科技安全风险。

1.1.4　内部运营管理存在的问题

首先，在指导思想方面，金融机构存在业务发展、用户体验、安全管理、安全与技术之间协同的问题，没有充分落实"同步规划、同步建设、同步使用"的原则，导致在业务连续性管理、信息系统运维管理以及风险管理体系方面存在隐患。

其次，在安全管理体系方面，一些中小型金融机构安全队伍建设和安全定位明显滞后于持续严峻的网络安全形势和更高的监管要求。加之百度、阿里巴巴、腾讯、京东（四家企业可简称BATJ）等大型互联网金融科技公司的兴起，对行业安全人才形成巨大"虹吸效应"，使人才竞争情况加剧，银行业出现现有管理和薪酬体系难以适应新技术环境下发展要求的情况，并进一步导致金融机构的安全专业人才招聘难、金融机构网络安全的精细化管理程度低和自主掌控能力弱等情况。

最后，前面两点都会进一步对系统生命周期管理造成影响，使开发及生产运行存在安全隐患，部分金融机构存在多种问题：在互联网应用架构管理、开发、代码审核、安全测试等方面的工作不规范，变更管理不足，投产方案不完善，对重要运维操作的风险评估不足，对关键变更操作缺乏有效复核，应急预案准备不充分，上线后事件多发，投产后缺乏开展安全管理的有效手段，重建设而轻管理……

1.1.5 行业协同机制亟待建立或完善

由于金融系统的互通性以及技术获得方式的通用性，金融科技会面临相同或者类似的安全问题，有时可能形成行业风险，而这些问题靠单个金融机构进行应对处理较为困难，因此需要建立或完善行业整体协同机制，这包括如下几个方面。

- **网络安全风险共享机制**。目前，各金融机构掌握的网络风险威胁情报来源有限，机构与机构之间、监管或网络安全行业主管部门与机构之间的信息共享度不足。

❑ **网络风险协同防御机制**。各金融机构面对网络风险仍然是单打独斗、各自为政。而高效的网络安全防范体系需要依靠跨银行甚至跨行业协作，只有这样才能得到更好的效果。例如，曾有匿名信源透露国外网络组织将攻击我国金融机构，但因为行业内没有协同防御机制，所以金融机构无法向运营商申请流量和资源倾斜以应对国外的 DDoS 攻击，只能单独与运营商协调解决。

1.1.6 关键供应链安全挑战

我国金融机构选用的基础软硬件设备，如核心网络、主机、数据库、存储设备等，大多集中在 IOE（即 IBM、Oracle、EMC，以 IBM 为代表的大型机、以 Oracle 为代表的数据库、以 EMC 为代表的存储系统）等几家美国公司手中，这些公司多年来在技术和市场上对我国银行业形成垄断，加大了金融系统运行风险和安全隐患，具体包括：

❑ 国外产品的技术封锁和封闭性使得像"棱镜门"那样的后门难以被发现，可能导致银行敏感信息泄露。在全球化背景下，信息系统控制权和供应链安全是需要不断进行规划、设计、验证和加强的。

❑ 银行金融科技创新的发展步伐受到极大限制。金融科技创新越来越依赖银行系统和底层软硬件设备。金融业不能深入了解国外产品"黑匣子"，科技创新与银行系统难以完全匹配。

❑ 国外产品的垄断使我国银行业的系统运维成本居高不下，同时也增加了银行风险管理和业务持续性管理的难度。

自 2014 年起，我国银行业开始推进应用安全可控信息技术，并取得了一定成效。传统的商业银行，如中国建设银行、中国民生银行等已经将系统逐步从传统集中式架构（例如 IBM 大、中、小型机）转移至分布式架构（一组相互独立但并行协同工作的通用计算机集合），而背靠 BAT 的网商银行和微众银行等新兴金融机构，起步就采用先进的分布式的应用系统和数据库架构。但目前仍然存在国产芯片、操作系统、交易型数据库等核心技术或设备欠缺问题，导致金融机构因对业务运营有连续性的高要求而不敢贸然使用国产设备，进而导致金融行业信息系统国产化进程缓慢。

1.2 金融科技发展历程

金融随着科技的发展而发展，科技推动着金融模式的持续演进，印刷术、电报、电话、计算机、互联网，以及现在热门的人工智能、区块链、云计算、大数据等技术都给每个时期的金融烙下了独特的印记。

1.2.1 金融科技的 3 个时代

站在金融史和人类技术发展史的视角，以我国知名金融家曹彤等发表的文章《FinTech：基于金融科技史视角的数字革命》中提出的金融和科技相互作用的演进历史作为线索，可以把金融科技（FinTech）分为 3 个时代。

1. 互联网前的 FinTech 1.0 时代

FinTech 1.0 时代（也可称为互联网前时代）通过造纸术、活字印刷术、电报、电话网络进行信息交换。印刷术在金融行业应用在票据、存单等方面，印刷术以及伴随而来的防伪信任机制为社会提供了可流通的货币载体，人类几千年的金融交易方式发生了改变。

从 1918 年开始，电报逐渐成为美国联邦电子资金转账服务系统的基础设施。联邦电子资金转账服务系统是一个专用通信系统，旨在为联邦储备银行处理 12 个储备银行间的资金转账服务。而其中任意两家银行之间均采用密押（Test Key）技术发送信息。密押即事先约定的专用字符，在发送电报时，由发送电报的银行在电文前加注，由接收电报的银行核对是否相符，以确认电报的真实性。

2. 打造数字价值的 FinTech 2.0 时代

信息与价值的数字传输网络化的出现，标志着 FinTech 进入 2.0 时代，这个时代以网络金融和移动金融为代表。

1970 年，全球第一台数字电话交换机在法国开通，这也是名义上的第一个网络传输系统。1973 年，跨银行支付清算系统 SWIFT（Society for Worldwide Interbank Financial Telecommunications，环球同业银行金融电讯协会）诞生，其底层架构是基于全球电报通信网和第一代互联网 ARPANET 构建的。1984 年，美国开通了第一个民用移动通信系统，使移动金融的萌芽有了可能。到了 20 世纪 90 年代中后期，随着互联网的开枝散叶，网上银行、网络券商的出现成为可能。

直到 2015 年，FinTech 概念传入中国，而随着网络基础设施的进一步发展和智能设备的快速普及、信息技术和移动互联网技术广泛渗透到国民经济的各个领域和人们的衣食住行中，中美两国产生了诸如 BATJ 和 FAAG（Facebook、Apple、Amazon、Google）这样的互联网巨擘，这些企业改变了人们生活、工作中的点点滴滴。随着消费者需求的日新月异，金融物理网点式的服务模式已经无法满足消费者的在线需求。金融机构采用多种方式，利用 FinTech 建设新一代的金融基础设施，重构金融商业逻辑，使其能够应对更为复杂的风险和挑战。具体而言，在 FinTech 2.0 时代，金融行业在"存贷汇"的表现形态、金融基础设施、金融大数据服务等若干创新层面上有巨大的突破。

3. "以用户为中心"的 FinTech 3.0 时代

在 FinTech 2.0 的基础上，FinTech 3.0 以服务实体经济为主要目标，践行"以用户为中心""随人、随时、随地、随需"的服务理念，扩大普惠金融的服务能力，积累消费者的信任，加深跨界开放合作。与此同时，在国家政策的引导下，严控金融风险成为金融行业的重中之重，在这种情况下，多层次智慧监管体系逐步构建，在 FinTech 的基础上出现了 RegTech（监管科技），又在 RegTech 中分化出 SuperTech（监管端科技）和 CompTech（机构端监管科技）的概念，进一步优化、丰富了金融圈的科技体系。这些科技体系的推出对有效防范整个金融市场系统风险、提高金融效率、降低交易成本起到较大作用。

1.2.2 以 ABCD 为标志的金融科技时代

中国信息通信研究院于 2018 年 1 月发布了《中国金融科技前沿技术发展趋势及应用场景研究》报告，其中介绍了人工智能、区块链、云计算、大数据（ABCD）四大 FinTech 领域中的热点技术在金融领域的价值、技术实现、主要场景等内容，具体如下。

- 人工智能（AI）可在数据的基础上替代人类完成较为复杂的重复性工作，提升工作效率与用户体验，并拓展销售与服务能力。AI 广泛应用于客服、智能投顾等方面。
- 区块链（BlockChain）技术通过对分布式计算、加密、共识算法等技术进行创新重构，尝试节约金融机构间清算成本，提升交易处理效率，增强数据安全性。
- 云（Cloud）计算能够为金融机构提供统一平台，有效整合金融机构的信息系统，消除信息孤岛，在充分考虑信息安全、监管合规、数据隔离和中立性等要求的情况下，为机构解决突发业务需求、部署业务并快速上线，实现业务创新改革提供有力支持。
- 大数据（Big Data）技术则为金融业带来种类和格式繁多且分属不同领域、不同主题的海量数据。基于大数据进行分析能够得到有价值的信息，为获客、营销、风控等提供新手段、新方法。

2016年以来，在云计算、大数据基础之上，以API、SDK为技术标志的Open Banking（开放银行），已经悄然将全球金融科技竞争带入新的阶段。其背后的金融数据共享、与场景的深度融合，更是足以引发金融行业业务范式的大变革。

1.3 金融科技的定义和影响

回顾了金融科技的发展历程，我们再来看看什么是金融科技，它解决了什么问题以及面临哪些问题。

1.3.1 什么是金融科技

金融科技（FinTech）一词译自英文Financial Technology。2015年，金融科技的概念被提出，之后逐步被广泛使用，但业界一直没有针对它的统一且权威的定义。

- 《FinTech周刊》认为，金融科技是使用软件和现代技术提供服务的金融业务。
- 《计算世界》认为，金融科技是一个无所不在的，用于实现金融服务或者管理金融业务的技术，包括软件、应用、流程和业务模式。
- CNBC将金融科技定义为在金融服务领域的技术创新，通过开发新的技术来颠覆传统的金融市场。
- ❑ 发达国家和新兴市场国家为促进金融体系稳定成立了合作组织——金融稳定理事会（FSB），该组织于 2016 年 3 月发布了《金融科技的描述与分析框架报告》，该报告第一次在国际组织层面对金融科技做出初步定义：**金融科技是指通过技术手段推动金融创新，形成对金融市场、金融机构及金融服务供给产生重大影响的新业务模式、新技术应用、新流程和新产品等。**

金融稳定理事会按照经济功能对金融科技业务进行了分类，将其分为支付结算、存贷款与资本筹集、市场设施、投资管理、保险等 5 类，如图 1-2 所示。

根据 Gartner 的报告，金融科技的参与者在市场中的角色定位可分为 3 种类型。

- ❑ 辅助者：仅为金融机构一方提供服务。
- ❑ 竞争者：与金融机构在相同业务内进行竞争者。
- ❑ 催化者：帮助金融机构在金融市场内容进行竞争。

随着金融科技的概念在我国逐渐兴起，其伴随着与"互联网金融"和"金融互联网"的发展而发展。根据《关于促进互联网金融健康发展的指导意见》的定义，我国的互联网金融是传统金融机构与互联网企业利用互联网信息技术和信息通信技术实现资金融通、支付、投资和信息中介服务的新型金融业务模式。而互联网金融和金融互联网的区别在于：互联网金融是依赖于互联网而产生的独特金融行为；金融互联网则是将金融服务通过互联网渠道进行销售，互联网在这个过程中并不是必需的。目前，我国的互联网金融业务主要包括互联网支付、网络借贷、互联网信托和互联网消费金融、股权众筹、互联网基金、互联网保险等。

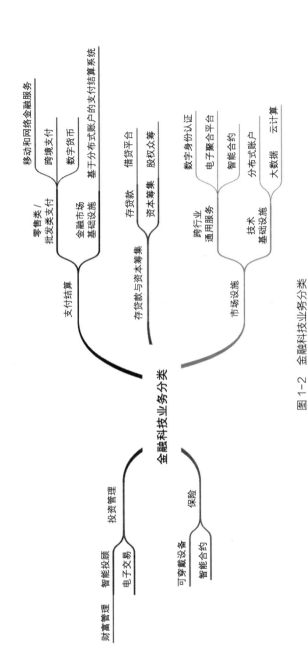

图 1-2 金融科技业务分类

1.3.2 金融科技解决了什么问题

金融科技可以解决的问题如下。

1）从金融消费者的角度看：

- 金融科技依托于互联网技术，且结合了普惠金融的特点，具有"随人、随时、随地、随需"的属性，有利于弥补金融服务的需求短板，拓宽金融服务覆盖面。
- 可有效提高金融服务的透明度和降低信息不对称的情况，提高金融服务的可得性和便利性。
- 具有标准化作业、业务处理单位成本低、服务海量、高频、小额、精准化、个性化等特征，可以简化交易流程，降低服务成本。
- 可以明显提升客户的获得感和便利感。
- 可通过更为系统、有效的风控措施，提高资金配置效率，加强金融服务供给能力，支持小微企业发展，进一步推动创新发展。

2）从金融和经济互动的角度看：

- 金融科技符合我国经济金融发展需要，有助于提升金融服务实体经济的能力，是推动金融供给侧改革的有效路径。
- 金融科技通过提供新业务模式、新技术应用、新产品服务等创新手段，能更好地提升经济主体间的资金配置效率，改善金融系统的基本功能，在经济增长新旧动能转换方面发挥积极作用，最终为经济发展提供有利条件。

3）从金融市场角度看：

- 金融科技推动金融服务去中心化和去中介化，强化竞争带来的金融体系的多元化，可降低市场冲击的影响。
- 有利于增强金融业的竞争力和创新活力，提升金融服务效率，实现金融产品的多样化、精准化、个性化，改善用户体验。
- 通过提高市场参与者资产配置和风险组合的差异性,有利于优化金融体系的风险集中度。

1.3.3 金融科技面临的问题

对于金融科技来说,主要面临如下几个问题:

- **边界重构**:一方面,金融科技至少跨越了技术和金融两个部门;另一方面,金融科技中的金融业务可能跨越了多个金融子部门,大量中、小金融机构通过金融科技手段与第三方平台开展生态合作。金融科技的边界重构是行业层面甚至体系层面的重构,比金融领域的综合化经营更加复杂。随着金融与科技的融合发展,金融市场与金融产品的跨界化会导致监管边界的模糊与重叠,从而产生传统银行管理与监管的真空和漏洞,给金融业务管理和监管体系带来深远影响。

- **去中介化**:在一个完整的金融体系中,金融中介机构发挥了基础性作用。在一定程度上,它是金融体系的核心组织架构。但是随着金融科技的快速发展,金融脱媒日益深化,使得传统的机构监管模式和人员追责监管模式的有效性不断减弱,给现有金融业务管理和监管体系带来新的挑战。这些挑战包括机构监管与功能监管的分化、金融消费者保护方面出现的新问题、传统中介机构"主动脱媒"。因此现有监管体系亟待改革,监管技术与能力亟待强化。

- **人才**:网商、微众、众安、百信、苏宁等新兴金融机构中的员工,有50%以上是科技人员。金融科技发展如此迅速,不仅导致人才培育跟不上,技术人员、研究人员、研发人员、管理人员也都呈现紧缺的态势。

- **智能化**：具有一定自我学习能力是未来金融行业智能化发展的重要方向，但这同时会导致相应监管问题的产生，比如算法模型的偏差及自我强化、信息数据的安全隐患等。随着人工智能在金融领域中的不断运用，金融业务管理和监管的重点将从金融机构与金融从业人员变为人工智能技术，监管对象变为虚拟化的技术，从而导致虚拟化监管要不断加强。传统金融业务管理和监管的有效性依赖于微观审慎监管规则，比如风险监管以监管资本为核心，以设定资本充足率为微观准则，但是在金融科技时代，会逐渐转化为对技术本身的监管，监管有效性将更多取决于对技术风险的控制而非对微观监管标准的强化。
- **网络安全**：有研究机构对全世界所有涉及网络安全的行业进行了排序，金融科技、金融企业遭到黑客攻击和存在网络安全问题的数量排在所有行业之首。如果对所有金融系统进行线上化运营，网络安全对客户信心、金融稳定将产生重大影响。所以在金融科技迅猛发展之时，网络安全需要政府、监管部门、科技、企业一起来推动。

1.4　应对未来金融安全挑战的思路

从概念上来看，"网络安全"所涵盖的内容越来越多，范畴越来越大，从过去简单的上网和网络传输方面的安全问题扩展到整个"网络空间"的安全问题。国际电信联盟将网络安全定义为："集合工具、政策、安全概念、安全保障、指南、风险管理方法、行动、培训、实践案例、技术等内容的一整套安全管理体系，用于保护网络环境、组织以及用户的资产。组织和用户的资产包括连接的计算机设备、人员、基础设施、应用程序、网络服务、电信系统，以及网络环境中传输和（或）存储的信息"。这个定义将网络安全视为一个生态系统，生态系统的良好运行需要来自技术、法律、政策、组织机构、技能等多方面的保证，这一理念已经在许多国家得到认可。作为信息安全的重要组成部分，网络安全历来受到银行业的高度重视。银行业通过建立和完善网络安全治理体系、加强制度建设、提升自身安全技术和数据保护水平，来切实保障银行系统持续稳健地运行。

1.4.1 传统金融安全实践

传统金融行业要应对新形势和新挑战，可以从如下方面入手。

1）**建立和完善网络安全治理体系**。银行业普遍构建"三个层面，三道防线"的全面信息安全组织体系。董事会层、高管层、业务部门和各级分支机构层这3个层面各司其职，从制定战略、明确管理职责和规范体制到具体落实执行，网络风险管理逐步融入全面风险管理体系。以信息科技部门、信息科技风险管理部门、信息科技审计部门为主体的"三道防线"的作用日益显著。网络安全保障队伍初具规模，大中型金融机构普遍建立了信息安全专业部门和专职安全管理团队。

2）**完善和丰富网络安全管理制度**。银行业以监管指引为依据，建立起较为全面的网络安全制度体系，涉及物理安全、网络安全、系统安全、终端安全、数据安全、开发安全、运行安全、外包管理、风险评估、应急管理等多个方面，网络安全管理基础进一步夯实。例如，中国民生银行参考业界标准不断优化制度框架，华夏银行建立了5大类50项相关管理制度。

3）**持续提升网络安全技术防护水平**。银行业建立健全网络安全风险监测预警、信息通报和应急响应机制，不断完善从互联网到内部系统的纵深防御安全架构。一方面积极开展防攻击、防病毒、防篡改、防瘫痪、防泄密的检测及处置,另一方面主动针对不法分子活动的重点领域,开展舆情收集、暴力猜解监控、钓鱼网站后台数据分析等工作,挖掘潜在受害客户。例如,中国建设银行阻断暴力猜解攻击,已累计保护 214 万客户免受密码泄露损失。

4)**不断增强数据安全防护手段**。金融业积极构建数据安全保护机制。首先,建立较完备的数据治理制度,通过定义规范数据标准、实行数据质量管理要求、建立企业级数据模型,提高业务数据的准确性和一致性。其次,强化数据信息全生命周期控制,做到操作有记录、权限有审批、事后可审计,确保各类数据在生产、使用、传输、存储、销毁这整个生命周期中的信息安全。

5)**提升关键信息基础设施业务连续性水平**。银行业持续加强对关键基础设施的业务连续性和灾备建设,大中型金融机构建立"两地三中心"的灾备架构,同时积极开展"双活"应用系统建设,在此基础上积极开展真实切换演练和应急演练,充分验证应急处置能力。

1.4.2 完善金融科技安全的工作思路

随着传统金融机构逐渐走上金融科技快车道,在科技方面,需要维持传统科技架构,也需要发展基于新技术和以敏捷开发为特征的金融科技平台,基于此,Gartner 提出双模(Bi-Modal)科技建设模式:

- 模式一:可预测,更关注性价比;
- 模式二:可探索,关注的是能否帮助增加销售收入,提升用户满意度,这属于加分部分。

从开发的角度来看,模式一的开发方法较多,属于传统的瀑布式开发,业务模式相对稳定,市场份额变化不大,节奏较慢。模式二更多的是用敏捷开发,甚至完全用敏捷开发,业务模式较为新颖,业务发展速度会决定市场地位。因为要不断探索，所以需要敏捷。

从治理的角度来看，模式一关注安全可靠，按计划进行，按部就班地做事；模式二在开始的时候较少有细节方面的计划。

从供应商选择的角度来看，模式一大多会选择一些长期固定的大型供应商；模式二则需要一些非传统的企业级的供应商，比如苹果、百度、阿里巴巴等，这些供应商具备一定创新能力，企业在探索新模式的时候会用到这些创新点。

从人才的角度来看，模式一需要能够解决复杂问题的人才；模式二需要对不确定性有很强把控能力的人才。

从文化的角度来看，模式一的文化是关注规模效应，模式二则是关注发现、探索。

Gartner 于 2012 年又提出了 DevSecOps 的敏捷安全管理模式，其概念从 DevOps 延伸和演变而来，其核心理念为"安全是整个 IT 团队（包括开发、运维及安全团队）中每个人的责任，需要贯穿从开发到运营整个业务生命周期的每一个环节"。DevSecOps 的出现是为了改变和优化之前安全工作中存在的一些现状，比如安全测试的孤立性、滞后性、随机性、覆盖性、变更一致性等问题，通过固化流程加强不同人员之间的协作，通过工具、技术手段将可以自动化、重复的安全工作融入研发体系内，让安全属性嵌入整条流水线。DevSecOps 的作用和意义建立在"每个人都对安全负责"的理念之上，通过加强内部安全测试、主动搜寻安全漏洞，及时修复漏洞、控制风险，实现与业务流程的良好整合。对于安全而言，在双模科技的战略背景之下，还需要一个整合框架来构建金融科技安全战略与安全技术体系、运行体系、运营体系，如图 1-3 所示。

1）**安全战略**：通过智能自动化驱动构建安全技术、安全运行和安全运营三位一体的协同联动的安全体系。数字化安全需上升为顶层设计，安全思想要从之前的"查缺补漏"向整体防护、系统规划演进，从数字化的初始阶段开始，同步规划、同步建设和同步运营安全防护系统，将安全能力"嵌入"金融科技的数字化业务系统。

图1-3 金融科技双模信息安全架构

2）**安全运营体系**：建设数字化人才队伍，明确不同组织部门的安全管理工作职责分工，构建完善的信息安全制度体系。夯实数字化安全人才队伍建设；明确业务部门与科技部门在安全合规领域的职责分工和边界；为金融企业制定统一的信息安全管理标准、制度和规范。

3）**安全运行体系**：从数据、应用及运营3个层面，打造全方位安全运行体系，包括以生命周期为核心的数据安全防护体系、生命周期与安全防护结合的应用安全体系、数据驱动的自适应安全运营管理体系。

4）**安全技术体系**：利用数字化新技术，通过场景化风险分析和应用安全建模，构建关于数据、应用、基础架构等的安全基线标准；在深度研究应用行业规范及业务特性的基础上，通过场景化威胁分析和应用安全建模,打造关于数据、应用、基础架构等的安全基线标准,以自动化方式指导、监控应用安全生命周期,充分平衡用户体验。

1.5　小结

金融伴随着科技的发展而发展,包括印刷术、电报、电话、互联网乃至最近蓬勃发展的人工智能、大数据、云计算、区块链的整个过程。金融行业是经营风险的行业,风险是具有不确定性的,而根据信息论的鼻祖香农提出的"信息即消除随机不确定性的东西"的理论,技术的演进对金融行业的发展、业态的革新、服务能力的提升、服务的多样性起到了巨大的推动作用。

而随着人工智能、区块链、云计算、大数据、移动计算等新技术在金融科技领域的应用逐渐成熟,商业模式获得了突破性发展,大幅度增强了为实体经济提供便利服务的能力,与此同时,金融科技也提升了用户体验。但是,新的商业模式和新技术的采用不可避免地会带来来自新行业、消费者保护、地区、法规、技术等方面的新的风险和挑战。

为了应对金融科技的安全挑战,有的企业采用较为传统的安全管理模式,有的企业则跟随科技管理模式逐步转型到双模的安全管理模式,传统模式和双模不是相互独立、排斥的两种模式,双模兼容了传统安全管理和敏捷安全管理两种模式,更能适应金融科技对安全管理的要求。

|第 2 章| CHAPTER

安全的价值

本章尝试讨论以下问题：

1）安全的价值在哪里？
- 没有安全的金融科技会有哪些具体问题？
- 有哪些关于欺诈、隐私保护、资金安全方面的典型案例？
- 如何从客户、监管人员、股东、员工等视角理解金融科技安全的价值？
- 为什么信任是金融的前提和基础？安全的本质是提供信任吗？

2）金融科技安全的价值如何衡量？
- 网络安全的通用衡量方法有哪些？
- 金融科技安全的价值的衡量方法有哪些特殊性？
- 外部威胁的特殊性有哪些？
- 行业外法律的强制特殊性有哪些？
- 如何构建金融科技的安全价值？

3）衡量案例：金融资产管理公司如何构建安全价值？

2.1 信任的代价

正如我们所知，一旦缺乏安全保护，金融科技的发展必然伴随欺诈横行、客户隐私泄露、客户资金安全堪忧等问题，当这些问题发生后，客户、社会、监管部门、股东都无法再信任金融服务机构。

2.1.1 黑客和存在漏洞的系统

2018年上海公安机关捣毁了一个利用网上银行漏洞非法获利的犯罪团伙，马某等6名犯罪嫌疑人被依法刑事拘留。经查，马某等人利用技术软件成倍放大存款金额，借此获得质押贷款，非法获利。

据警方介绍，某银行工作人员于2018年11月26日向警方报案称，该行所属的一个账户发生多笔异常交易，造成银行巨额资金损失。接报后，公安机关高度重视，立即抽调精干警力组成专案组，全力开展侦查工作。专案组综合运用多种侦查手段，渐渐摸清了犯罪团伙的组织架构和行动规律。12月6日，经周密部署，警方在多地同步撒网，成功将涉案的主要犯罪嫌疑人马某以及另外3名犯罪嫌疑人一举抓获，并当场查获了5套作案工具及现金200余万元，以及大量豪车、名表、奢侈品。

据警方初步查证，马某利用黑客技术，长期在网上寻找全国各家银行、金融机构的安全漏洞。2018年5月，他发现某银行App软件中的质押贷款业务存在安全漏洞，遂使用非法手段获取了5套该行的储户账户信息，在账户中存入少量金额后办理定期存款，后通过技术软件成倍放大存款金额，借此获得质押贷款，累计非法获利2800余万元。

为了变现，马某将非法获利的账户存款余额，在某网络直播平台上全部购成点数卡，再折价卖给其他用户。非法获利后，马某大肆挥霍，购买了大量的豪车、名表、奢侈品。经进一步侦查，警方还循线抓获了非法出售个人身份信息和银行储户信息的方某以及倒卖此类信息的邓某，并对其他倒卖个人信息的犯罪嫌疑人进行布控。

目前，警方已将马某、方某、邓某等6名犯罪嫌疑人依法刑事拘留，并敦促涉案银行完成了安全漏洞的修复，案件正在进一步侦查中。

通过资金损失发现系统漏洞，对于金融机构来说损失较大。业界一些专业的科技机构有能力对网银或者手机银行安全进行测评。比较有代表性的是2017年中国信通院泰尔终端实验室依据相关标准对多款基于安卓操作系统的手机银行App进行了安全测评，涉及国内多家大型商业银行和股份制银行，测评内容包括通信安全性、键盘输入安全性、客户端运行时安全性、客户端安全防护、代码安全性和客户端业务逻辑安全性等6个方面的39项内容。测评结果不容乐观。

测评显示，手机银行App在逻辑设计及流程设计中可能存在一定的缺陷，导致黑客可以识别转账、汇款时的敏感函数，继而将客户的交易数据中包含的目标账户篡改为黑客指定的账户，造成本应转给正常用户的资金被转到黑客的账户，此类情况会造成个人客户或企业客户的巨大资金损失。

此次测评的手机银行App普遍存在高危漏洞，用户在进行转账交易时，黑客能够通过一定的技术手段劫持用户的转账信息，从而导致用户的转账资金被非法窃取。同时，工程师还发现，被检测的手机银行App自身防御能力较弱，易被破解，安全性较低。

部分手机银行App存在的问题如下：
- ❑ 手机银行App敏感交易数据可被篡改；
- ❑ 手机银行App运行时关键Activity组件容易被劫持；
- ❑ 手机银行App抗逆向分析能力不足；
- ❑ 手机银行App能够被重新编译、二次打包；
- ❑ 手机银行App可进行动态调试；
- ❑ 手机银行App代码允许任意备份；
- ❑ 在发布版本的手机银行App中留存测试用的组件或账号信息。

由上述测评结果可知，被测手机银行App大多存在高危风险，对相关金融机构的建议如下：采取更加安全的App加固解决方案，同时增强对应用分发渠道的监控，以便能第一时间发现盗版应用发布上线；增加应用自身完整性校验功能，检测到应用被篡改后，及时提醒用户卸载非法应用或者自动进行更新修复。

2.1.2 个人征信数据隐患重重

在金融征信领域，征信数据作为金融机构评判个人客户信用的依据之一，具有非常高的价值，有人称之为金融业的石油。但是，由于缺乏对个人数据、隐私的保护，出现过类似未经主体同意查询个人征信、擅自将征信查询账号和密码借给无权人使用、利用征信查询平台倒卖征信信息等问题，对数据拥有者、金融机构的权益造成了侵害。

比如2011年12月底南京的郭某分别将A银行和B银行诉至法院，原因是这两家银行在未经其授权的情况下，以贷款审批、信用卡审批的名义向中国人民银行查询其信用记录。中国人民银行已依据《个人信用信息基础数据库管理暂行办法》，对两家银行做出各罚款2万元的行政处罚决定。依照《征信业管理条例》，征信机构、金融信用信息基础数据库运行机构违反条例规定，采集禁止采集的个人信息或者未经同意采集个人信息，由国务院征信业监督管理部门或者其派出机构责令限期改正，对单位处5万元以上50万元以下的罚款，对直接负责的主管人员和其他直接责任人员处1万元以上10万元以下的罚款。

2015年5月至12月间，C银行电子银行部员工丁某，擅自将本人的授权用户账户、密码批量出借给从事信用卡业务的劳务派遣员工使用。同时，丁某使用上述授权用户账户和本人授权账户，利用C银行贷记卡风险管理信息系统可以查询、下载征信报告至本地保存的漏洞，倒卖个人征信信息。

2015年3月至9月间，D银行某支行的两名保安，利用支行内部管理、网络系统、监控设置上的漏洞，通过设法获知的支行办公电脑开机口令、网址，安装和使用征信数据批量下载工具，使用犯罪团伙上线提供的他行征信查询账户和密码，泄露、倒卖个人征信信息。根据最高人民法院、最高人民检察院联合发布的《关于侵犯公民个人信息刑事案件适用法律若干问题的解释》，非法获取、出售或者提供公民个人信息，违法所得 5000 元以上即可入罪，处 3 年以下有期徒刑或者拘役，并处或者单处罚金，造成被害人死亡、重伤、精神失常或者被绑架等严重后果的，依照《刑法》规定，处 3 年以上 7 年以下有期徒刑，并处罚金。

2.1.3 跨境资金安全堪忧

SWIFT（Society for Worldwide Interbank Financial Telecommunications，环球同业银行金融电讯协会）是总部设在比利时布鲁塞尔的非营利性的国际合作组织，同时在荷兰阿姆斯特丹和美国纽约分别设立交换中心，并为各参加国开设集线中心，为国际金融业务提供服务。SWIFT 运营着世界级的金融电文网络，银行和其他金融机构通过它与同业交换电文来完成金融交易，并向使用 SWIFT 网络的金融机构提供软件和服务。

2016 年 4 月 25 日，SWIFT 通过路透社向客户发布警告称："SWIFT 意识到，在最近的几起网络事件中，恶意攻击者通过金融管理后台的本地端口连接至 SWIFT 网络，入侵 SWIFT 客户端获得提交 SWIFT 报文的权限。"⊖ 被攻击对象包括南亚某国央行、东南亚和南美的商业银行。其中，南亚某国央行被黑客攻击导致 8100 万美元被窃取的事件曝光后，央行行长辞职，对相关机构声誉、资金安全等造成较大负面影响。

国内的安全服务公司 360 对此轮攻击进行了分析总结：

1）**攻击者熟悉目标银行作业流程。**如在东南亚的某商业银行

⊖ 参见《关于近期曝光的针对银行 SWIFT 系统攻击事件综合分析》，网址为 https://blogs.360.cn，访问于 2016 年 8 月。

的案例中，从将恶意程序伪装成福昕 PDF 阅读器，到对 MT950 的对账单 PDF 文件进行解析和精确篡改等，都反映出攻击者对银行内部交易系统和作业流程非常熟悉。攻击者的攻击意图明确，而攻击者要如此了解相关信息和展开相关攻击行动，事前应该进行了大量侦查和情报收集工作，但这些攻击行为未被有效发现和应对。

2）**攻击手法：相关恶意代码与某黑客组织有关联**。360 对 SWIFT 攻击事件中的恶意代码与某黑客组织所使用的相关恶意代码的样本，在代码层面进行同源性特征分析，发现其中一个特殊的安全删除函数基本上进行了代码复用。从这一点来看，其中的两起攻击事件应该与该黑客组织有一定的联系，但由于这些代码之前已被安全机关发布，所以不具备强关联性。

3）**银行等金融行业本身暴露出诸多安全问题**。其中 2013 年和 2015 年两起攻击银行的事件确定是通过网络进行攻击获得相关转账权限的，另外东南亚某银行和南亚某央行也是自身访问控制环节发生了问题，导致攻击者具备发送 SWIFT 转账指令的权限。

这些问题明显暴露出银行自身的安全防护能力薄弱。攻击者通过网络攻击就可以获得 SWIFT 权限并加以操作，以及攻击者对 SWIFT 的 Alliance Access 客户端软件的权限检测指令可绕过相关验证等，都暴露出 SWIFT 系统本身也存在一定问题。

从以上安全事件中可以看出这样的轨迹：

1）金融系统存在漏洞。

2）居心叵测且有能力的攻击者发现并利用漏洞获取系统、数据权限，攻击者利用权限非法获利。

3）金融机构资金或客户遭遇损失，采取技术防范以及报案等措施止损。

4）司法机关强力介入搜寻证据并抓捕犯罪嫌疑人。

5）金融机构检查内部技术和管理问题，修补系统漏洞，改进管理流程，提升安全水平。

2.2 衡量金融科技安全的价值

2.2.1 安全的核心价值是信任

系统漏洞、欺诈、个人信息泄露、网络攻击使公众对于金融机构的可信任度产生担忧，在金融科技时代，这种影响会随着身份认证线上化、生物认证、大数据的广泛应用、网络攻击等安全形势的变化而加剧。国际知名的安全专家布鲁斯·施奈尔于2012年出版了一本关于信任与安全的图书《我们的信任》[一]。在这本书中，布鲁斯·施奈尔列出了四类激励信赖行为的体系：

- ❏ 前两类是道德体系和声誉体系，但他认为它们只在一定人口规模下有效，比如对于小的社区来说，通过原始系统产生的信任与声誉是足够的，但更大的社区则需要通过委托代理等方式来实现。
- ❏ 第三类是制度体系，各机构制定了一些规则和法律，引导人们按照群体规范行事，并对那些不遵守这些规范的人实施制裁。从某种意义上说，法律使名誉正规化。
- ❏ 第四类是安全系统，主要指使用各种各样的安全技术，比如门锁和高墙、警报系统和警卫、取证和审计系统等。

金融科技因其使用范围足够大，所以需要考虑采用后面两种激励方法，也就是结合制度、安全措施加强和提升可信任度。

而信任是一个跨多学科的概念。心理学家认为，信任感是一种人与社会成员之间彼此认同、互相信任而敢于托付的心理感觉，

[一] 参见布鲁斯·施奈尔所著的《我们的信任》，于2012年由机械工业出版社出版。

它是个人或组织对被信赖一方的语言、承诺及声明的期望；管理学家认为，信任是一种组织之间或个体与组织之间相互信赖的现象，它可以用来提高顾客的满意度，减少不确定性，降低成本；市场学家认为，信任是依赖自己所信赖的交易方产生的某种意愿，比如银行客户信任银行而将自己的存款存入银行并期望在未来得到本金和利息。虽然不同领域的研究者针对信任在语言表述上存在一定的差异，但他们都承认信任是一种在不确定性或存在风险的环境下，信任主体的期望或意愿。其中，能力、善意、诚实和可预见性是信任的四个特征（或维度）。

Mayer 的组织信任模型（OT）[一]如图 2-1 所示。OT 理论架构的核心点指出，OT 主要由四个因素决定——对方的能力、对方的善意、对方的信用和可预见性，这四个因素都具备或程度越高，就越容易被信任。首先，当客户觉得金融机构具备的能力可以胜任某一业务时，客户便比较容易在该业务上对对方有信心。比如有一笔闲置资金需要找银行存放，客户一定会找一家服务能力能满足他要求的银行来办理，因为他相信银行可以扮演这样的角色。接下来是考虑对方的善意，如果这家有能力的银行平常就不太乐意提供服务，客户应该也无法信任银行会将这个角色扮演好。客户除了关心所信任的银行是否有能力与善意之外，更关心存款是否能到期兑付本金和利息，若是不能，那么即使银行具备服务能力，也有助人之心，但依然不能给对方信任感。对于可预见性，比如，如果安全团队能够提前告知管理层安全方面可能发生的风险和所需要采取的控制风险的措施，管理层应该会增加对安全团队的信任。

由 Mayer 的信任模型可知，信任的建立是一个理性认知的过程。不过，有些学者发现，情感也会影响信任感的建立，因此信任

[一] 参见林红焱、周星合著的《归因视角的消费者信任违背修复》，发表于《现代管理科学》的 2012 年第 12 期。

其实也有情绪的成分在里面，只是持理性认知主张的学者相信情感也许会暂时影响理性的判断，但随着时间的推移，信任的维持或产生终究要回到理性的层面上。

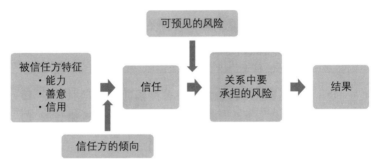

图 2-1　Mayer 的信任模型

金融机构具备支付中介、价值储藏中介、价格计算中介、投资中介等货币中介的基本功能。在社会与心理层面，货币中介功能的实现是以信任为基础和前提的。而具有讽刺意味的是，全球咨询公司德勤在 2016 年的一项调查中发现，来自全球 28 个国家的约 33 000 名受访者普遍认为，银行和金融行业是信任度最低的行业，并已经连续五年获此"殊荣"！造成此现象的原因是，在欧美金融行业，宏观层面，一些大牌金融机构因为缺乏风险控制措施或经营不善，造成投资者、客户、雇员损失严重，再加上监管乏力，导致出现行业系统风险进而产生金融危机。另外，微观层面，也有旁氏骗局这样的案例，造成投资人的巨额损失。

2.2.2　常用的信息安全价值衡量方法

一般来说信息系统通过可用性、完整性、机密性（AIC）来保证信任机制得以落实。

1）**可用性（Availability）**：确保可以稳定连续提供服务，相关资源可用,并且相关系统正常运行。一般情况下,自然灾难、人为操作问题以及 DDoS 等攻击行为会对可用性造成威胁,此时可通过相关技术确保可用性。

2)**完整性(Integrity)**:在信息安全领域,完整性表示信息在被处理的同时,能确保在未授权的情况下不被修改,而针对网络上传输的信息要有相关的保护措施。完整性控制包括一致性检查、事务控制、数字签名等手段。

3)**机密性(Confidentiality)**:确保敏感资源不被未授权者访问和利用。机密性的实现方法通常是最小权限原则,在技术上通过加密、数据分类、访问控制等措施实现。

安全的价值如何衡量呢?一般通过定性和定量两种方法来进行衡量。

1. 定量法

定量法即用货币形式分析和表示资产、威胁、安全成本以及效果,定量分析可以作为决策参考的手段之一。

定量法要通过计算得到一个安全价值或者说投资回报率。首先对显性和隐性的意外事故进行分类整理,并且初步预估其发生概率。其次,评估一项安全投资所针对的潜在安全风险(风险评估),然后将这些风险带来的损失转换成可以衡量的货币价值。

定量法的主要实现步骤如下。

(1)风险识别

风险识别的方法和步骤如下。

1)明确资产清单并分配资产价值(Asset Value,AV)。

2)针对每笔资产产生所有可能存在的威胁的列表。为每个威胁计算暴露因子(Exposure Factor,EF)和单一损失期望(Single Loss Expectancy,SLE)。其中,EF 也称为潜在损失,表示该风险实际发生时,可能损失的资产价值占总资产的百分比。SLE 是该风险实际发生 1 次时，可能损失的资产价值。

$$SLE = AV \times EF$$

关于 SLE 的计算，可以参考国际上较为权威的组织（如 Ponomon 这样的研究机构）发布的数据泄露成本（Cost of Data Breach）报告，但目前并没有统一的标准，具体的计算方法取决于企业的经营目标、文化价值观和现有的安全措施等。

我们以存储损坏为例。假设硬盘价值 1000 元，那么如果仅是一台普通的电脑，其造成的最终损失就是 1000 元，但如果是大型金融科技企业或银行的服务器，那损失还应该包括该硬盘承载的数据价值，以及因为影响业务所产生的损失，甚至还要包括重新录入数据时的人力成本等，损失可能有数千万元甚至更多。而如果是涉及客户敏感信息或者知识产权等，所产生的损失就无法用货币进行衡量了。

3）计算每种风险的年发生概率（Annualized Rate of Occurrence，ARO）。ARO 即该风险每年可能发生几次，值从 0 到无穷大，值越大，表示风险越大。如果风险每年发生很多次，它带来的损失可能会远远超出相关资产的价值。安全威胁发生的概率，一般由企业的综合成熟度、人员的安全意识和技能、安全防护工具的完备性决定。比如运营伙伴的服务器通过了相关安全检验和测试认证，系统漏洞相对较少，则发生漏洞攻击的概率就较小。若企业在每台机器上都部署了最新的反病毒软件，那么被病毒感染的概率也相对较小。若是电脑使用人员经过培训，有强烈的安全意识，那么也能减少网络威胁。

4）计算每种风险的年度损失期望（Annualized Loss Expectancy，ALE），就可得到每个威胁可能造成的总损失。计算法则为：

$$ALE = SLE \times ARO$$

如某企业上一年共出现勒索病毒 2 次，每次损失金额为 10 000 元，硬盘损坏 1 次，损失金额为 20 000 元，则 ALE = 10 000×2 + 20 000×1 = 40 000 元。

（2）风险应对

风险应对即制定针对每个威胁的应对措施，然后计算采取措施后的 ARO 和 ALE。在一定的时间框架内，EF 相对来说是不变的，安全措施的目的应是减少 ARO，避免风险的实际发生。

（3）成本效益分析

成本效益分析就是分析每个对策的执行成本，并且选择最适用的对策。这里要先对相关成本指标进行介绍：

1）针对每个威胁采取某种防护措施的年度成本（Annual Cost of Safeguard，ACS），用于度量应对一种威胁的开销。

2）安全价值（绝对值），相当于施策前的年度损失期望（$ALE_{前}$）减去施策后的年度损失期望（$ALE_{后}$），再减去采取对应防护措施的年度成本（ACS）。

3）安全投资回报率（Return of Security Investment，ROSI），参照 ROI 的公式，ROSI 的计算公式如下：

$$ROSI = (ALE_{前} - ALE_{后} - ACS) / ACS$$

或者

$$ROSI = (减少的损失 - 安全措施的费用) / 安全措施的费用$$

还可以通过缓解率来计算 ROSI。缓解率就是实施某个安全措施后，减少攻击的比例，这种情况下，ROSI 公式可以表示为：

$$ROSI = (ALE \times 缓解率 - 安全措施的花销) / 安全措施的花销$$

在选择解决方案时，首先要解决方案本身的性能、价格等问题，然后结合企业的实际情况，综合评估信息安全投资回报率。安全投资回报率主要是度量预估的风险损失和部署安全措施的花销。最后比较减少的损失，以及通过实施安全措施所挽回的损失。

这些指标可以让高层相对客观地看到安全措施（安全投入相关的人、流程、系统）所带来的效果，其中通过 ROSI，决策者可以了解：

❏ 是否对安全领域投资过度，造成浪费；
❏ 缺乏信息安全是否会对企业收益造成影响；
❏ 企业安全投资的上限在哪里；
❏ 对企业最有利的安全产品或者方案是什么样的。

使用有效的安全措施可以降低 ALE，并且安全措施效果越好，ALE 降低得越多，实际收益就越高。

以下给出几个案例：

【案例一】金融科技公司正在考虑投资一个 SIEM（安全信息和事件管理）解决方案。已知每年该金融科技公司遭受 5 次相关攻击（ARO = 5）。该组织预估，每次攻击所造成的数据和生产力损失成本约 150 万元（SLE = 150 万）。实施 SIEM 解决方案预计将减少 80% 的攻击（缓解率 = 80%），实施成本（ACS）为 250 万（每年的授权费、培训费、安装费、维护成本等）。该解决方案的安全投资回报率的计算公式如下：

ROSI = [（5×150 万）×0.8 − 250 万] / 250 万 = 140%

根据 ROSI 计算结果可以看出，此 WAF 解决方案是一个收益率较高的解决方案。

【案例二】假设现在该金融科技公司正在考虑采用什么样的防病毒系统投资方案。假设该公司每年遭受 10 次病毒相关攻击（ARO = 10）。该组织预估，每次攻击所造成的数据和生产力损失成本约 100 万元（SLE = 100 万），防病毒的实施成本为 300 万元，实施 SIEM 解决方案预计将减少 80% 的攻击（缓解率 = 80%），则该解决方案的投资回报率为：

[（10×100 万）×0.8 − 300 万] / 300 万 = 167%

可以看到，这个防病毒解决方案也是不错的。

综上，ROSI 的计算基于 3 个变量：ALE、风险缓解率和 ACS。如果 ACS 比较容易预测，所有间接成本都予以考虑，另外两个变量预估准确，那么可以较为简单地计算出 ROSI。

但是，在实际的工作中，进行定量分析是一件比较困难的事情，业界常用的另一种衡量方式是，根据每年的工作总结，基于上一年的安全投资、所避免的安全风险的数据进行计算，得出已投资的安全产品的 ROSI。

定量法看似逻辑严谨，但它是建立在相关假设基础上的，如果企业缺乏足够的数据积累（比如金融科技相关行业的 ARO、安全损失数据），或者数据缺乏有效性，那么往往无法得到真正可用的执行成本或效益分析数据。业界还有一些更简单的计算方法，比如用托宾 Q（资本的市场价值与其重置成本之比）来计算安全价值，但也有一些不足。虽然计算损失的方式依赖不同的条件，但是企业内部使用统一的计量方式依然很重要。

2. 定性法

定性法是指利用非量化的资料对系统安全价值进行评估，结果通过描述、建议的形式呈现，其中风险评估通过对相关资产价值的定性描述、对确定威胁发生频率的定性衡量和对特定威胁的易感性评估，得出安全价值"高""中""低"这样相对主观的评估结果。应用定性法时人为因素较多，一般基于专家经验等，因此，这种评估方法是不客观的。这种方法的计算通常比较简单，处于特定阶段、特定规模的系统，使用定性法效果明显。常用的定性法有逻辑分析法、德尔菲法、历史比较法、FMEA/FMECA 等，还可以参照微软公司安全组风险管理框架、NIST SP 800-30、CRAMM 等进行定性分析。

2.2.3 金融科技安全价值定位

在通用的安全价值衡量方法的基础上，结合第 1 章对金融科技安全面临挑战的描述，可明确安全的核心价值。金融科技企业由于提供的服务内容的不同（如提供科技服务与金融服务，金融行业中银行、保险、证券等提供的服务也有不同）、发展阶段的不同（有初创、发展、快速增长、成熟等阶段）、所处环境的不同等，其安全价值的定位也应该有所不同，也就是安全面临的诉求和问题以及解决这些问题的方法不同，如图 2-2 所示。

业务战略、外部安全挑战以及法律要求等会形成驱动力以推动金融科技安全战略的形成，安全战略则是根据这些驱动力的要求结合自身能力进行取舍。战略的落地可参考 NIST CSF 框架（网络安全框架），该框架包括从识别、保护、检测、响应到恢复一系列的安全管理能力，进而保证信息安全的保密性、完整性和可用性，为金融科技的生态圈提供基于安全的信任、用户体验和经济价值。

进入金融科技时代，金融机构的上述功能和定位并未发生根本性变化，但随着新技术的发展，以及金融生态、科技生态的变化，信息安全将对金融科技时代的相关机构产生信任的能力产生重大影响。

对于客户来说，信息安全是金融机构提供安全稳定财富管理、支付、信贷、投资等金融服务的必要条件之一。

对于合作伙伴来说，信息安全是合作中参与方履行合同权利和义务的重要保障之一。

对于监管当局来说，信息安全是金融机构使监管当局相信其能合规稳健经营、有效履行风险管理能力的重要保障之一。

第 2 章 安全的价值

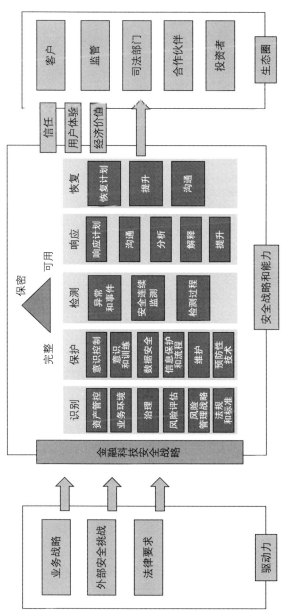

图 2-2 金融科技安全价值定位

对于金融机构的投资者来说，信息安全是使金融机构能充分保护股东利益、有效履行信托责任的关键基础能力之一。

2.3 金融科技安全价值构建

要给出最专业可靠的安全保障或者最符合"潮流"的解决方案，企业的安全负责人必须得到资金支持。但企业高层往往会由于不理解、不信任、缺乏专业知识等原因拒绝或推迟相关方案和预算决策。

对于金融科技机构的决策者来说，安全固然重要，但在面临企业整体挑战和机遇的时候，需要统筹考量投资组合，安全只是投资组合中的一项。任何企业对投资都有回报要求，因此，ROI 是项目决策者在投资前需要衡量的，以证明该投资能达到预期的效果和收益，以便在项目结束时对项目进行考核。安全没有直接收益，所以只能用 ROSI 来代替。

金融科技安全发展方向毫无疑问应该与各自企业的业务目标保持一致，在这个前提下相关项目的投资顺序也应该遵循一定的策略。

2.3.1 保证安全与业务目标的一致性

安全目标和业务目标如何保持一致？这里给出两种解决方法：
- 通过金融科技业务战略确定科技战略，再明确安全战略；
- 由企业的业务战略直接确定金融科技的安全战略。

这两种方法反映了不同的安全价值定位。
- 第一种方法属于"安全归属科技模式"，安全职能属于科技职能。这种方法的优点是可以实现 IT 管理和安全管理一体化，从而快速执行科技工作要求。这种方法的弊端是，由于金融科技的发展，科技在金融机构中的影响越来越大、覆盖面越来越广，金融科技安全的范畴超出了传统科技组织的管理范畴。安全管理的范畴一方面从信息安全扩大到网络空间安全，覆盖了网络空间技术和信息等部分，另外一方面安全风险出现跨业务和技术、跨不同实体等跨界"煲汤"现象，传统 IT 组织内部的安全管理模式很难适应这样的变化。

- 第二种方法是"安全独立模式"或者"安全相对独立模式"。有的单位设立 CSO（首席安全官）岗位，CSO 直接向 CEO 汇报或者向 CRO（首席风险官）汇报。设置 CSO 的好处显而易见：金融科技安全对业务战略有较为直接的响应和支持；更为专业；对科技的建设和运营形成制约，利于其长期稳健经营。刚刚起步、缺乏资源、自身科技基础薄弱的企业不适合用这种方法，会出现独木难支的情况，难以有效开展工作。对它们来说，第一种方法反而是一个较为恰当的选择。

2.3.2 安全价值构建步骤

在实现了安全与业务的目标一致性之后，可以将整体金融科技安全价值的构建分为三个层面（见图 2-3）。

- **高级管理层**：负责组织整体的风险管理策略，明确任务优先级，确定实施层级并对风险决策进行指导，发布安全风险管理的任务优先级清单、风险偏好策略，确保财务资源安全。
- **业务处理层**：在高级管理层的指导下，对关键基础设施进行风险管理，监督落实安全措施，明确具体框架安全方案并配套相关预算，向高级管理层汇报当前和未来的风险变化所在。
- **实施运营层**：安全方案的具体执行机构，参照框架方案实施，反馈方案的实施进度、资产变化、漏洞和威胁等关键信息。

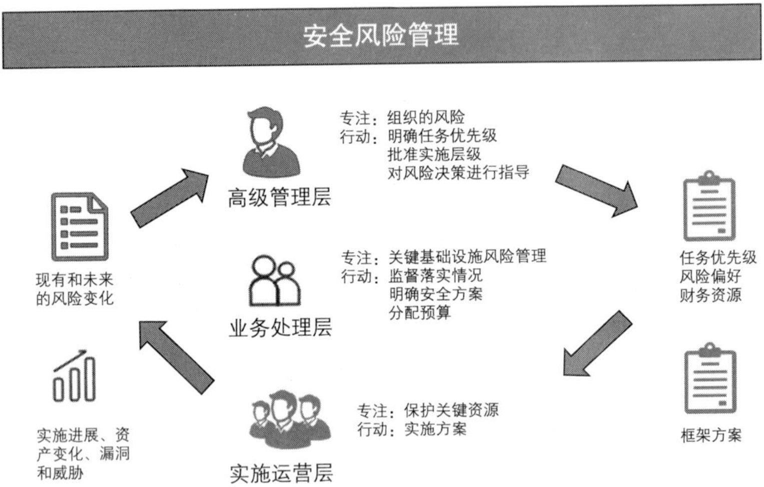

安全风险管理

- 高级管理层
  - 专注：组织的风险
  - 行动：明确任务优先级
    批准实施层级
    对风险决策进行指导
- 业务处理层
  - 专注：关键基础设施风险管理
  - 行动：监督落实情况
    明确安全方案
    分配预算
- 实施运营层
  - 专注：保护关键资源
  - 行动：实施方案

任务优先级、风险偏好、财务资源

框架方案

实施进展、资产变化、漏洞和威胁

现有和未来的风险变化

图 2-3　安全价值构建过程图

具体而言，可将任务按照识别、防护、检测、响应、恢复五大功能进一步细分为多个子任务，明确优先级、差距、所需预算和实施时间安排，如图 2-4 所示。

子类	优先级	差距	预算	时间安排
1	中	大	¥¥¥¥	2019–2020
2	高	小	¥	2020
3	低	中等	¥¥	2019
…			…	…
…	中		…	…

（子类列为目标组合）

图 2-4　安全方案安排

从实施层面考虑，面对林立的安全风险和管控措施，一般的金融科技公司要实现这样的安全风险管理，纯依靠手工是非常困难的，可以通过类似 RSA archer 这样的 GRC 管控平台来确保上述安全价值实现过程可以通过可视化和自动化的方式展现出来，方便各级管理层能及时清晰地了解目前安全的整体状况。

2.4 金融科技安全价值构建及投资案例

本节我们以一家虚拟的依赖云计算的资产管理公司 AlphaAsset 为例，介绍金融科技安全价值构建和投资的方法。

2.4.1 面临的风险

资产管理行业具有一些独有的特征，比如拥有大量资本、高度敏感的专有信息和市场敏感算法，这些特征通常都具有非常基本的 IT 属性。

随着资产管理价值链中跨界合作的增加，安全风险和漏洞点可能得不到管理或未被检测到，为网络犯罪分子提供了便利。例如，经纪商交易存在敏感客户数据被盗、渗透到价值链的其他部分的可能，这会对基金价值造成干扰和负面影响，进而损害资产管理公司的业务运营、分销渠道、投资者和市场信心，由此造成的财务损失是重大的。

AlphaAsset 管理超过 10 亿美元资产，组合投资于衍生品、资本、资产等市场，他们通过分布式容器技术和 AWS 云构建了自己的资产管理系统，为投资者和公司自身管理提供服务，并实现与全球知名的经纪商的交互。现在需要明确后续的安全建设策略和投资顺序。

2.4.2 整体执行

整体执行方法如下：

1）**了解和评估 AlphaAsset 公司网络安全状况**。这对有效应对资产管理部门的独特挑战至关重要。因为当前对资产管理公司的网络攻击有所增加，同时进入这些系统的方法也有所增加，所以导致允许通过各种妥协途径进入控制系统环境的情况频现。历史上只出现在公司网络中的攻击，现在也成为资产管理系统必须面对的问题。

2）**与所有利益相关者互动**。获得高级管理层的支持，提高他们对网络安全风险的认识。网络安全是一项企业级策略，还应让每个业务部门的代表参与并逐步加入价值链。

3）**了解网络安全环境**。分析网络安全空间，了解潜在风险、威胁并及时加以控制。最好试点演示、分析可用的选项，以选出最适合的解决方案。

4）**确定优先级**。优先考虑需要立即采取行动的网络安全领域，并规划分阶段满足需求。专注于快速赢取相关各方的支持，为下一阶段奠定基础。

5）**提高自身水平，寻找伙伴**。在使用实际工具和技术之前，学习管理和实施网络安全治理结构的专业知识。将专家帮助与内部积极参与相结合，无缝过渡到持续维护、监控和主动防御上。

应该关注能够高度协调企业业务的安全项目。维护存量安全项目、推出增量项目，这两项是安全和风险管理负责人需要承担的责任。在新的安全项目中，应该重点关注那些能够解决业务问题的安全项目。

2.4.3 建设项目

项目1：安全评级服务（SRS）

随着数字生态系统复杂性的增加，安全风险也随之增加。除了内部安全风险之外，供应商、监管机构、客户、业务伙伴和平台的安全状况，也是安全和风险领导者必须考虑的。

利用 SRS 为整个数字生态系统提供实时、低成本、连续和独立的评分，根据需求评估多个供应商，并确保将安全评级作为考量指标的一部分。然而，这应仅作为一种补充手段，因为它未站在全局视角。但不可否认的是，这项服务是安全建设的基础。

项目 2：暗数据发现

暗数据指那些未被发掘或理解的数据，一般在进行数据中心整合或云迁移之前，先进行暗数据发现。对于企业而言，拥有暗数据是很自然的，这些暗数据提供的价值很小，风险无法估量。暗数据发现的优点在于，减少暗数据占用的空间，降低安全风险，减少 GDPR 和其他法规的风险暴露。可以通过查看数据孤岛，寻找其中的数据，再寻求支持敏感数据整合金额存储的供应商，以发现暗数据。

项目 3：访问控制管理

在访问控制管理中，应重点关注特权账户。特权账户（或高度授权账户）对攻击者最有吸引力，应该通过基于风险的方法对其进行优先级排序。PAM（特权访问管理）项目将主要应用于保护这些账户，所以它应该涵盖人工和非人工系统账户，并支持内部环境、云环境和混合环境的组合，以及用于自动化的 API 接口。

项目 4：符合 CARTA 的漏洞管理

安全团队无法处理大量的漏洞，也无法修补所有漏洞。因此，安全和风险管理（SRM）应该专注于"持续自适应风险与信任评估"（Continuous Adaptive Risk and Trust Assessment，CARTA）安全方法，其安全性在任何地方、任何时间都是自适应的。

这就要求信息安全管理者树立 IT 资产业务价值安全保护意识，为了突出这些资产的重要性，应当强调相关的风险。此外，企业必须了解网络拓扑，掌握对于 IT 基础架构的更改。

项目5：检测和响应

在这里，我们提出两个问题：如何收集和存储数据以支持检测和响应能力？该技术是否可实现各种检测和响应功能，或是否能够利用失陷指标（IOC）？

若企业已经拥有端点保护平台（EPP），可将该平台视为提供端点检测和响应的选项。对于托管安全服务方式，应考虑只用于可向托管服务商提供信息的项目。应确保彻底测试任何声称具有人工智能或机器学习功能的供应商。

项目6：云访问安全代理（CASB）

对于已经采用多个SaaS（软件即服务）产品的企业，CASB为它们提供了可见性和管理方法，即通过云应用程序发现暴露在外的"影子IT"（即企业员工使用没有经IT部门批准的应用程序），从而证明这类项目是正确的。

评估SaaS应用程序使用和共享的敏感数据是否具有可见性和可控性，确定每个云服务所需的可见性和可控性级别。签订专注于发现和保护敏感数据的短期合约。

项目7：云安全态势管理（CSPM）

尽管云服务可以提供高度自动化和用户自助等服务，但事实上，几乎所有云攻击产生的原因都是客户配置错误、管理不善和操作错误。而CSPM项目可以降低云风险，对于仅使用一个IaaS（基础设施即服务）产品的平台，应查看云安全配置是否妥当。如果没有问题，应确保云安全态势管理能支持企业正在使用的多个云。

云安全态势管理选项的优点在于，能够基于评估结果自动更改，但是如果企业已经（或正在考虑）使用云访问安全代理（CASB），那么说明决策者已经拥有了开发良好的云安全态势管理的条件。

项目 8：安全应急响应

在数字业务快速发展的今天，安全事件不可避免。为有效、及时应对安全事件，企业需要事前规划、充分准备和及时响应。

对于企业当前的安全应急响应水平，我们应当进行持续评估（这绝对不是浪费时间），即持续评估当前响应水平及可以改进的地方。该项目侧重于更新现有应急响应计划或完全重置响应流程。可以采购一个事件响应保留器，通过它便可以提供处理主动和被动任务所需的灵活性。

项目 9：容器安全

目前，越来越多的开发人员使用 Linux 容器，以便更快地通过开发管道推动数字业务发展。但是在投入生产环境之前，必须对每个容器进行漏洞和问题扫描。容器安全性必须与常见的开发人员工具和持续集成/持续交付（CI/CD）管道集成，并与全面的 API 接口一起使用，以支持各种安全工具。

首先扫描已知的漏洞和配置问题，然后将该策略扩展到运行时。更高级的解决方案是为每个容器构建一个详细的"材料清单"，并将其与运行时实际使用的内容进行比较，以便确定删除库和代码的位置。

2.5 小结

在金融科技时代，由于安全问题的存在，金融企业的消费者和合法权益可能会受到侵害。而这些安全问题一般是由金融科技行业的特性、科技发展、外部威胁等带来的。此时，安全的价值就凸显出来了。

安全的核心价值是提供信任，安全一般可以通过定量和定性的方法衡量，定量指标，比如 ALE、ROI、ROSI，可以作为安全价值较为客观的参考。由于金融科技安全和金融科技生态关系的存在，可以通过金融科技安全价值链将金融科技安全解决了什么问题、如何解决这些问题、和谁进行合作解决问题进行整合。确定了安全价值后，可以通过如何保证安全与业务一致性等治理方法来保证安全投资的有效性，并确定安全投资的先后顺序。本章还通过虚拟案例进行了具体分析。

第3章 业务安全

本章将解决以下问题：
- 如何理解业务安全？
- 业务安全的价值是什么？
- 如何实现业务安全？
- 业务安全体系应该如何运转？
- 业务安全与其他域如何集成？

3.1 如何理解业务安全

业务安全不能算是一个新概念，却借着金融科技尤其是在线金融服务崛起的东风，一夜之间变得火热起来。业务安全其实在金融行业一直存在，但在十几年前，在以物理网点数量取胜、以网点论英雄的 Bank 1.0 时代，业务安全的定义是非常狭隘的，可以归结为物理上的业务安全，例如网点柜台厚厚的防弹玻璃、柜台里庞大的保险箱、连司机都武装到牙齿的运钞车。在那个年代，对金融行业来说，最耳熟能详的风险应该就是抢银行了。另一类业务风险就是监守自盗，银行工作人员偷梁换柱，在金库里面用报纸换真钱，或者做假账。也许你会说，为什么没讲操作风险？其实在物理网点的时代，操作风险恰恰是非常可控的，因为银行柜员在下班前会进行日结，如果账对不齐，那是绝对不可能下班的。因此，就算是记错了账，也会在日结中发现差错并及时纠正。而且，在柜台服务占主流方式的时期，大额存取业务是预约制的，且大数额出错的概率非常低，因为真要是在金额上差了一个量级，那可是会在点钞机的点钞时间上体现出来的，所以不会出现数字银行时代那种差一个量级却没感知的状况。因此在还是以物理网点为主导的金融时代，业务安全显得不值一提。

从 2010 年到 2020 年，是数字金融爆发的 10 年，不仅是数字银行,各类在线支付平台和支付方式也如雨后春笋般不停地推陈出新,从最早的因个人网银被盗、账户中的钱被转走等情况上新闻,让一波人摇摆不定、抗拒网银,发展到因为网购的兴起,而不得不接受网银和第三方在线支付。大家慢慢知道了密码不能设置得太简单、短信验证码不能随便告诉别人、中奖电话别轻信等。而金融机构也深刻地意识到,要做好业务安全,不能再仅依靠柜面的几块防弹玻璃和把银行卡的磁条换成芯片等手段了。金融业务安全在一夜之间变成没有明确范围了,只要是犯罪分子有可能利用的空子都在其中。当然后面还产生了黑产这样的生态链,这些也是业务安全要涵盖的范围。业务安全一下就成了银行的一个关注重点。

金融业务发展到今天,业务安全的范畴已经很难再明确地用账户风险、违规风险、欺诈风险这样的词去定义。数字金融和金融科技时代,业务风险和技术风险的边界也越来越模糊,科技即业务,业务即科技。因此,笔者认为没有必要去给业务安全下一个有明确边界的定义。当然,为了便于解释和研究,很多时候我们也会给业务安全做一个狭义的定义,即账户安全。

受本章篇幅所限,下面将仅围绕账户安全的大范畴来讲述金融科技的业务安全。

3.2 业务安全价值浅析

业务安全价值是一个非常有趣的话题,从存单、存折到银行卡,公众接受业务安全的过程是十分漫长的。时至今日,还有很多老年人要求用存折,因为存折上面清楚地记录着余额和支取情况。从实体银行卡到电子虚拟账户的接受过程就明显缩短了,虽然在这个过程中,大家肯定听过不少资金损失的案件,但与此同时,金融机构也对C端进行了大量关于业务安全的宣传教育,用户开始慢慢对金融业务的风险有了更多的认知,而不是停留在"只要保管好凭证和密码就可以"的阶段,他们会关注操作环境安全,会定期查杀木马。在这个过程中,不仅用户提升了安全意识,金融科技公司也普遍开始关注一个非常重要的指标——安全感,安全感也成为很多国内领先的金融科技公司为安全部门设定的一项 KPI。

笔者认为,业务安全的最终价值在 C 端,体现在用户安全感上。安全感可以使用安全感指数进行量化衡量,并通过安全感指数实时感知用户的安全感以及背后的影响因素,例如从产品能力、品牌感知、内部风控、服务感知 4 个维度,实时洞察用户对产品和服务的安全感知水位、舆情事件对用户安全感的影响程度以及用户情绪等。而业务安全在企业端最直接的价值体现就是资损率,从最早期的盗用资损,到现在类似银行信用卡欺诈电话提醒等,我们发现风险随着业务安全技术的不断发展向欺诈资损等治理难度极大的深水区蔓延。业务安全价值的定义也必将随着安全技术水平的不断进步而演变。

3.3 业务安全的实现

金融科技企业的业务安全和传统金融机构的业务安全之间一个最显著的区别体现在业务风险的未知性方面。金融科技具有横向打通的通用性支撑能力,其与业务结合的场景不断延伸,已突破了物理约束。金融脱媒不仅给业务的创新提供了无限大的舞台,也使业务安全没有了边界。我们不妨回到最原始的线上金融业务链路,看看全链路风险防控是如何实现的。

3.3.1 业务风险的分类及分段管理

以较为常见和具有代表性的在线支付服务为例,业务风险主要包括盗用风险、欺诈风险、违规风险、账户风险和商户风险。而每一种风险都可以通过事前、事中和事后 3 个环节的安全管理方案来进行削减和处置,如图 3-1 所示。

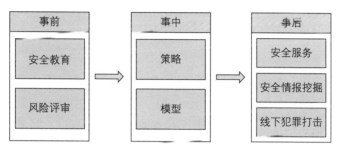

图 3-1　安全管理方案模型

事前可以通过安全教育和风险评审从用户和自身两个角度进行风险管理。安全教育是一个非常有意思的课题,如果进行无差别的安全教育,会出现活跃用户安全意识总体强,次活跃或不活跃用户因为安全教育内容对其曝光量不够而出现受教育程度低、安全意识薄弱的情况。而这批非高活用户恰恰是各类风险的重度受害者,这就导致安全教育的结果与初衷相背离。此外,同质化、无差别的安全教育推送,会让用户产生疲劳,用户会认为所有内容都是老生常谈,因此忽略推送信息。而用户需要的关于新型风险的安全教育内容虽然也被推送,但却被用户忽略,导致安全教育无效。看似简单的安全教育,想要做好并不简单。要解决安全教育的顽疾,其实还要从定制化入手,针对业务场景类的安全教育,简单有效的方法就是埋点推送,选定具有业务前哨意义的一些页面和操作进行埋点,定向触发安全教育。国内领先的在线支付机构,也会借助大数据的运算能力,根据用户的端内投诉、交易频次、交易类型等进行用户安全感指数计算,根据用户安全感指数和具体指标,进行安全教育频次和安全教育内容的确定和推送,进而实现安全教育的资源投入和效用比的最大化。

除了从用户自身入手进行安全教育外，还可以从企业端的事前风险管控入手，也就是从风险评审入手。风险评审又称业务风险政策，是基于对业务逻辑和目标的充分理解，从业务安全角度对业务进行政策上的补充和明确，例如同一个身份证号最多允许注册几个账号。风险评审是金融科技企业风险偏好的体现，或者说在落地执行过程中，政策的松和紧体现了企业在这项业务上对风险的容忍度和处置能力。这是在业务上线前进行的前置风险管控，通常需要对业务逻辑和流程做深入剖析。这个步骤不仅根据已知的风险类型和手段来评估或者预测业务局部和整体可能产生的风险，更重要的是为后面事中和事后的风险管控定下了容忍度，一旦风险政策评估中出现误判，整条业务安全保障链路就可能全局崩溃。因此，在金融科技的业务安全目标实现的操作层面上，事前的风险政策评估是最关键和重要的一步。

事中的安全风险管理体系虽然非常庞大，但概括起来其实就是实时策略防控，也就是在业务实际发生时进行的风险判断和事中攻防。而这其中的重点又可以分为两个部分——风险识别控制策略和风险识别管控模型，也就是策略和模型。为了支撑企业的策略和模型有效落地，通常需要数据产品、策略部署产品以及智能运营产品这一"铁三角"给予闭环支撑。这部分内容是业务安全的核心，后面会单独介绍，这里暂不展开讨论。

安全管理的事后部分很容易被企业忽略，但这个环节通常是金融科技业务安全的一个宝藏环节，做得好的话，会带来非常多的额外惊喜和收获。业务安全的事后环节，在很多人的意识中是审计后监督，但这绝对不是金融科技时代下业务安全的事后安全管控的全部内涵。金融科技的业务安全事后风险管理可以分为安全服务、安全情报挖掘和线下犯罪打击。

第3章 业务安全

安全服务部是从客户服务部中拆解出来的，专门负责解决接入热线中与业务安全有关的服务需求，其中包括服务座席和审理核查团队。安全类的客户来电与纯业务咨询类来电不同，服务座席往往难以在短短几分钟的电话沟通里判断用户的报案是否真实以及出现此类安全案件的真实原因。比如账户被盗相关的用户来电，首先，这完全超出了普通业务座席的能力和责任范畴，需要更为专业的服务团队应对；其次，往往需要结合账户的多维度信息以及历史的交易情况等综合还原分析案件。因此，对于安全类的热线，通常无法在一次通话中给予用户明确的原因和解决方案，如果服务量级较小，可以将案件转交给具体的业务团队进行分析，如果服务量级较大，可考虑在安全服务座席团队中成立一个专门的离线分析审理团队，由不接电话的离线团队专门进行案件的分析、还原和研判，并给出确凿证据，快速将业务安全问题导致的影响消除。然后，离线分析审理团队将从用户渠道获知的安全问题和漏洞快速反馈给业务团队，帮助业务安全体系不断完善。

安全情报挖掘越来越受重视。随着金融科技，尤其是互联网金融狂潮席卷全球，其中的各种得利方式，将早年的寥寥黑客催化成了一个巨大的黑色产业链（简称黑产），前些年极度猖狂的网络电信诈骗就是典型的案例。黑产最常用的手段就是薅羊毛，通过虚假交易、垃圾注册等方式，获取金融科技企业为吸引用户或者促进交易活跃度投放的高额补贴，从而大量消耗企业的营销资金，使得企业既破了财又没有达成真正的业务营销目的。建立企业自己的黑产信息获取渠道，可以第一时间获得被恶意攻击的消息或当前黑产寻找漏洞的方向和手法，这也是黑与白的较量。在明处的金融科技企业如果可以提前获知暗处的攻击者的研究方向和行动计划，往往就可以在攻击发生之前快速对漏洞进行修复和预防，以化解风险。但是魔高一尺、道高一丈，黑产的技术迭代也可以反过来"逼迫"

企业提升安全技术水平，使得业务的安全性维持在更好、更稳定的位置。

线下犯罪打击应该说是一个大家都不陌生的事后安全管控方案，金融企业向来在发生大案件的时候，会第一时间寻求警方帮助。但随着金融科技互联网业务的发展，有非常多涉及小金额的安全事件发生，这也是由互联网长尾效应的基因决定的，如果每次案件金额都是10元，那这是一个无法请求警方帮助进行线下犯罪打击的案件，警方会认为金额损失太小。但如果犯罪分子通过技术手段批量作案，那么虽然每个企业涉及的金额都很小，但对于犯罪分子来说，由于基数大，获得的总收益还是非常大的。不过，乐观一点来看，有一些未知的新型犯罪手法，涉案金额不大，但是对安全体系优化和增益的促进作用会非常大，也不失为一个不错的结果。所以，在金融科技时代，对于线下犯罪来说，打击意义远大于追回的资金损失，其最大的价值是抓获犯罪分子后，企业可以获得案件背后的犯罪手法和方式，从而对企业的业务进行加固。

3.3.2 从业务链路角度保障安全

以常见的在线支付机构为例，业务链路可以分为两类，C类（个人）和B类（商户），如图3-2所示。C类账户的链路通常可以分为注册、登录、信息变更、资金活动、营销资源投放等环节，各环节会涉及的主要业务风险有垃圾注册、信息泄露、账户盗用、欺诈、违规违禁、营销作弊（恶意薅羊毛）等。B类账户的链路通常可以分为商户签约、商户收单和商户返佣等环节，各环节会涉及的主要业务风险有恶意签约、欺诈、违规违禁和营销作弊等。

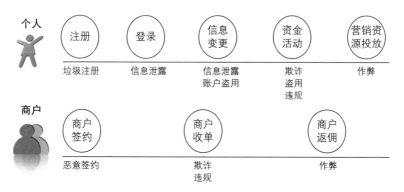

图 3-2 业务链路示意

下面以操作环节为逻辑线讨论 C 类账户的各个操作环节会涉及的实时安全策略。

1. 注册

用户注册环节，首先需要根据业务安全政策输入业务风险场景和对应的风险容忍度，例如，拒绝虚拟机设备和模拟器设备的注册，以及运营商提供的无须 SIM 卡的虚拟号的注册。接下来，实时防控策略根据风险业务政策的输入，进行风险类型分析和风险策略定位。例如，风险类型可分为垃圾注册和设备占用，对应的垃圾注册安全策略可定位为拦截高风险的批量注册行为，并能够在误识别率足够低的情况下保障监控注册的账户质量。当业务和安全平衡后，就可确认管控方式和量级了。例如，规定注册拒绝率不能高于 0.1%，或者每日拒绝注册量不能高于 2000 等。

2. 认证

根据当前监管要求，金融类账户必须实名认证，因此注册账户后的认证环节，也成为风险高发场景之一。这一环节中，业务风险政策需要根据企业风险容忍度综合设定，例如，规定个人用户的一个证件最多认证 5 个账户。而实时防控策略应根据风险业务政策的输入进行风险类型分析和风险策略定位,例如,风险类型可分为身份冒用和身份占用,此时对应的安全策略定位可以是防范身份被批量冒用,并提示账户质量和基于同人模型判断输出差异化的产品流程。同时,管控方式可以设定为每日认证环节输出并核实本人的身份校验(如人脸)次数不超过 20 000,在身份冒用环节请求风控模块进行判断计算的次数每日不超过 100 000 等。

3. 登录

账户登录是非常有意思的一个环节,国内市场份额排名前二的在线金融支付平台,在正常情况下,其移动端进入都是免密登录的,而国内各家银行的手机银行客户端无一敢跳过登录密码(含指纹、人脸)。在线金融支付平台其实并不是真的取消了登录校验,而是通过免密登录判断模型在后台进行了相关计算,对满足安全条件的用户进行判断,然后即可执行免密登录。在这个过程中,会综合考虑是否为历史设备、登录环境是否被识别为安全环境、登录地点是否为常用地点等因素。但是对于银行而言,难以让客户高频使用其手机银行 App,因此也难以准确有效地判断用户的登录环境和登录地点等是否足够安全。

以互联网在线金融支付平台的登录安全防控为例,在登录环节中,首先业务安全政策可以是禁止通过模拟器、虚拟机设备登录,对于已纳入风险池的高危用户,登录时需强制其修改双密,以及在识别到高危操作后,在账号密码和短信校验成功后,要再次进行二次风险认证。在实时防控策略环节,可根据风险业务政策的输入进行风险类型分析和风险策略定位。例如风险类型可分为身份冒用、信息泄露、账号盗用和冻结账户自助解限,对应的安全策略定位可设定为针对身份冒用风险案例输出来核实个人身份,对应的管控方式和量级可以设定为每日输入人脸识别或者通过绑定银行卡校验本人登录的输出量不超过 5000 次。针对信息泄露及账号盗用类型的风险案例输出,同样可以输出人脸识别或短信校验的二次身份核实手段,以及对应的管控方式及量级要求。针对冻结账户自助解限环节,因为自动冻结账户是识别到高危异常操作场景实行的账户保护策略,所以需要用户本人进行解除账户限制操作,而且操作的第一步是登录账户,在此业务场景下,登录端的业务防控策略需要进行特殊考虑,对应的管控方式可以是调用身份核实类产品的次数每日不超过一个特定值。

4. 绑卡签约

绑卡签约因为是业务链路中的非常见环节,所以前面介绍时未涉及,但要正常使用在线支付平台,往往要经过此环节。

基于互联网的在线支付平台也在非银金融机构范畴内,其账户的绝大部分功能依赖于绑定的银行卡,而一旦绑卡,通过平台的转账操作就可以快速将银行卡内的资金转出,这一场景也成了很多黑产的重点攻击目标。这一环节中,业务风险政策可以设定为:绑卡需验证银行端四要素、同一张银行卡绑定账户具有一定上限等。实时防控风险策略的定位可以是禁止极高风险操作,同时保障业务发展。对应的管控方式是风险识别策略失败的次数每日不超过一个特定值。

5. 信息变更

高危信息变更主要有支付密码修改、交易密码修改和换绑手机号等。账户被盗用,常见操作就是手机号被换绑和密码被修改,因此关键信息变更也是业务安全链路上的一个重要防控点。在这一环节可以禁止通过模拟器、虚拟机设备对信息进行变更,并制定相关风险政策。高危信息变更操作带来的风险包括信息泄露和账户被盗,因此针对这一环节的实时风险策略主要是进行身份验证和在业务逻辑上防范信息泄露。对应的管控方式是规定每日高强度的双因子身份核实输出最大数量以及短信校验最大数量。

6. 参与营销活动

互联网金融科技公司在发展之初，为了吸引新用户，通常都会采用高额补贴的形式进行拉新促活，也正是因为有了这样的大量补贴和投入，才催生了一批专门靠获取高额补贴为生的黑产。因此，营销活动的业务安全是最容易产生大批量资金损失的环节，主要的风险集中在营销作弊上，这其中有黑产的薅羊毛，也有商户与用户勾结骗取补贴等。营销活动的业务风险政策可以考虑限制准入用户身份，例如必须是实名账户，以及对参与活动的用户进行同人限制，即将同一账户、同一设备、同一手机号、同一证件号码均视为同一用户，同一用户仅给一次参与活动的机会。对应的实时风险策略可防止明显高危及批量操作的作弊行为，保障营销资金的合理发放。为了平衡风险防控和业务营销活动，可以基于业务的目标制定每日优惠发放的失败总量。

如果以资金环节为逻辑线，C类个人账户的操作环节中实时业务安全体系又可以从风险类型的角度落地实施。常见互联网金融的资金风险类型主要有赌博、非法集资、套现、盗用、欺诈五大类，针对这些风险，在业务风险政策评审环节，可以根据在线支付的业务特色，对当日转账、小额免密支付以及扫码支付等场景分别进行额度限制，并对确认为高危场景的业务，在密码校验后实行二次校验。因为这些风险不仅是互联网金融的特有风险，也一直存在于传统金融行业，所以这里就不做过多叙述了。读者可在实际业务运营中多多思考线上和线下业务的差异点，摸清楚线上的特殊性后，融合线下的业务安全防控手段有效进行业务安全防控。

3.4 业务安全体系的运转及与其他域的集成

金融科技企业的业务风险不仅与业务逻辑本身有关，也与技术成熟度、外部环境的变化以及黑产有着密切的关系。在这样的业务环境下，业务安全体系的运转关键在于业务与安全之间的相互理解和融合，因此，业务安全政策的角色设定是金融科技企业业务安全体系中的重要环节。业务安全政策是安全团队的业务分析人员在透彻理解业务的前提下，充分识别风险点和风险敞口，针对业务调整和补防给予的建议。在业务发展和风险敞口中，如果决定要接受风险敞口，安全政策团队就需要制定预案和备选方案，为风险敞口做好安全保障。而安全策略部门则针对安全政策做进一步细化，针对安全政策提示的风险场景进行监控和拦截策略的构建，同时结合模型能力建设，实现机器智能化的风险特征识别和处置策略输出。最后，安全技术部门对安全策略部门的策略进行技术支持，保障模型的计算资源和安全管控体系的技术搭建顺利完成。因此，业务安全体系的运转需要安全政策、安全策略与模型、安全技术三方的紧密配合和协同流转，任何一个环节出现差错都会影响业务安全体系健康、有效运转。

业务安全体系内部需要有多方的协同和配合，外部也要有数据安全体系和技术安全体系等其他金融科技的安全领域在平行运转。业务安全既是各类安全的最终结果展现，也是数据安全和技术安全的重要需求输入来源。只有在业务安全环节充分梳理业务风险类型、风险特征、风险等级、风险容忍度和风险敞口，才能让数据安全和技术安全的建设目标始终紧紧围绕在支持业务和保卫业务周围。

3.5 小结

本章主要在账户安全的大范畴内讨论金融科技的业务安全。业务安全的范围随着技术的进步正在不断延展，用户的关注点也开始从仅关注安全性转为同时关注安全感。金融科技企业的业务安全和传统金融机构的业务安全之间一个最显著的区别体现在业务风险的未知性方面，而业务风险主要分为盗用风险、欺诈风险、违规风险、账户风险和商户风险五大板块。我们可以同时结合事前、事中和事后 3 个阶段和 5 个风险板块来提升业务安全。我们还应该从业务链路角度入手，对实时安全策略进行设计。

第4章 应用安全

本章将针对以下主要问题展开讨论：
- 应用安全的挑战是什么？
- 如何实现端到端的应用安全管理？
- 如何将应用安全与整体安全体系、安全架构相融合？
- 如何针对不同场景的目标应用制定恰当的安全控制策略？
- 如何确保安全控制在整个应用安全生命周期管理中落地一致？
- 在设计阶段如何落实各种安全技术要求？
- 开放银行及 API 安全的考量是什么？

4.1 概述

应用程序，无论是在主机时代、客户端服务器时代、互联网时代、移动互联网时代，还是在即将迎来的 IoT 时代，其作用都是在基础架构的支撑下通过使用数据实现各种业务功能，也都是将人、物、数据连接在一起实现各种功能。而应用安全在整个安全架构中起到的是承上启下的关键作用。从信息安全架构角度来说（见图 4-1），基础设施安全经过多年的实践和各大安全厂商的不懈努力，已经相对成熟；随着数据资产越来越受企业重视，对个人隐私的保护越来越严格，各种脱敏加密手段不断发展，数据安全也越来越受到重视并得到长足发展；而应用安全这一环节因为与业务场景紧密相连，所以需要考虑的因素最复杂，相对而言也较为薄弱。

越来越多的企业创新依赖应用创新，尤其是企业自己开发的应用。根据 IDG 的报告，企业自己开发的应用数量每年都保持着 12% 以上的增长速率，其中终端应用数量增长速率为 9%，客户端服务器应用数量增长速率为 11%，互联网应用数量增长速率为13%,移动应用数量增长速率为14%。而63%以上的企业自己开发的应用没有经过必要的安全设计和安全漏洞测试。因为应用系统数量庞大、类型繁多,再加上当前持续集成、持续交付的要求,应用安全落地的难度不断加大,其中最突出的几个问题如下。

- ❏ 如何使安全在应用系统整个生命周期中,尤其是设计阶段落地?
- ❏ 如何保证不同类型的应用系统或者不同类型的模块具有恰当、统一的安全标准?
- ❏ 如何确保不同经验水平的开发人员都能在开发、实践的整个过程中有效落实各种安全要求?

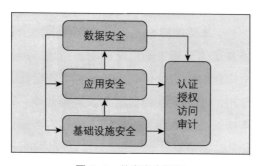

图 4-1 信息安全架构

4.2 应用安全管理的科技需求和框架

4.2.1 应用安全生命周期管理的科技需求

为了全面梳理管理应用安全生命周期的科技需求,首先需要对应用安全生命周期的风险进行较为全面的认知。我们结合一些业界实践总结了几个主要风险类型。

- **安全管理的水平在需求、设计、开发、测试、上线、运维各个阶段不一致**：这会使得安全控制在各个环节的实现也不一致。对于这类风险，需要站在完整的应用安全生命周期的高度来应对。
- **木桶原理下的安全需求覆盖面问题**：认证、授权、审计、加密、会话管理以及应用和数据的完整性、保密性、有效性，这其中存在任何遗漏都会让攻击者有机可乘，所以必须从业务需求开始就严格进行安全需求管理。
- **威胁体系的建立和威胁情报的获取**：安全需求和安全控制都是为了应对各种安全威胁而存在的，只有建立完善的威胁体系并具备及时获取威胁情报的能力，才能使企业免于陷入仓促应对层出不穷的各种新威胁的境地，然后再逐步获得防患于未然的能力。
- **缺乏场景化的分析**：平均化的防护措施，可能会使需要更严安全控制的应用被保护不足，也可能会使普通的应用被过度保护，无论是哪种情况都会影响效率。因此，只有针对具体场景进行威胁和安全需求分析，才能设计出恰如其分的安全控制策略。
- **同一平台体系及强关联系统控制水平一致性的挑战**：企业的应用正在不断走向平台化，强关联系统中某些安全控制不够的应用将拉低整体平台的安全防护水平，并成为攻击的突破口。建立基于平台的整体安全控制策略并将之模块化、组件化，是应对这类风险的途径。
- **代码质量过度依赖项目组成员的经验与水平**：虽然大多数企业，尤其是金融企业实行了代码安全规范，但在实践中，安全控制在具体应用中的实现还是依赖于开发人员的经验和水平。在完整的安全需求体系下，通过统一并持续更新的安全模块、安全组件以及标准的安全代码库，企业可以有效应对此类风险。
- ❏ **对第三方管理的缺失**：企业大量进行自主开发往往离不开第三方的配合和支持，必须将企业整体的应用安全管理无缝延伸到第三方管理中，否则企业努力维持的整体安全管控成果将付之东流。
- ❏ **敏捷开发或 DevOps 对安全测试带来的挑战**：安全测试是确保安全需求得到可靠实现的必要步骤，持续开发、持续集成和持续交付将大大增加安全测试的工作量。自动化的工具及标准的安全模块、组件可以有效提升这方面的效率。

4.2.2　端到端的应用安全管理框架

为了建立和企业整体安全管理体系相配套、与企业安全架构相适应、场景化端到端的应用安全管理框架，我们结合 ISO 27000 安全体系、CSA（云安全联盟）安全架构、OSA 场景化分析、安全生命周期管理（SDLC）、STRIDE 威胁模型，并以 NIST SP800-53r4 的 240 个控制项为基础，与《中华人民共和国网络安全法》《信息安全等级保护管理办法》等法律法规以及国际上的其他安全体系相映射，最终落实到相应的解决方案上，形成端到端的管理框架，如图 4-2 所示。

尤其是其中场景化的分析方法，将应用安全场景根据不同用户对象和接入方式进行了细分，然后针对不同的场景利用 STRIDE 模型进行威胁分析，得到应用安全的整个生命周期所需的控制水平，真正做到端到端的控制恰当且可落地。下面将详细阐述各环节的内容。

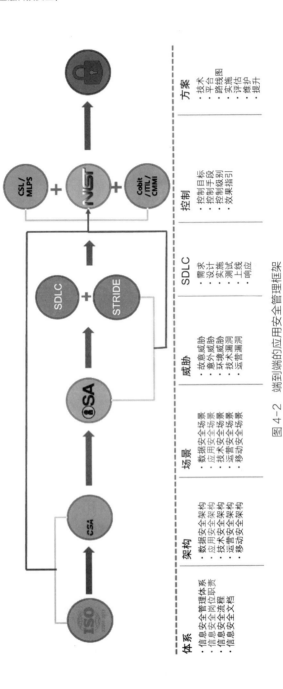

图4-2 端到端的应用安全管理框架

4.3 整体安全体系

ISO 27000 系列标准是目前国际上应用最为广泛、最全面的安全管理体系。通过 14 个域的 114 项控制要求，ISO 27000 系列标准提出了详细的通用标准框架。其中 A.9 到 A.18 都涉及了应用安全的内容（见图 4-3），尤其是 A.14，对系统开发提出了针对性要求。关于 ISO 27000 系列标准，在网上可以找到很多参考资料和详尽解读，此处不再赘述。

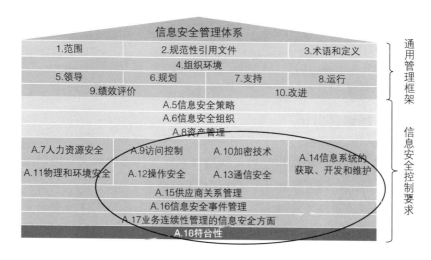

图 4-3　ISO 27000 系列标准中的 ISO 27001 体系

建议参考 ISO 27000 系列标准来建立整体的安全管理体系、组织架构以及文档体系。在编制企业相应的制度文档时，还可以考虑应用 ISO 27701 满足当前隐私保护方面的迫切需求。

4.4 整体安全架构

业界有许多安全架构的模型，其中 CSA 的 TCI 参考模型相对而言是较全面的（见图 4-4），其不仅与 TOGAF 的企业架构进行了对应，还采用 SABSA 对企业业务运营提供支持服务（BOSS），ITIL 对企业信息技术运营及支持（ITOS）进行了对应，Jericho 对安全和风险管理本身进行了对应。同时其架构中的各个域还可以与 NIST SP800-53r4 的各个控制组进行匹配（图 4-4 左下的 NIST 各个控制组可以和整体架构的模块一一对应），而 NIST SP800-53r4 的 240 个控制项是我们推荐的框架体系中安全控制库的基础。

图 4-4 中圈出的是与应用安全密切相关的部分。

4.5 场景化分析

如前所述，场景化分析是我们这套框架体系中最关键的组成部分。根据 OSA（开放安全架构组织）的框架（见图 4-5），安全控制是对不同信息系统和数据资产的威胁和漏洞进行具体分析后制定的。

就应用安全来说，我们首先应该对目标应用进行不同的安全场景分类。

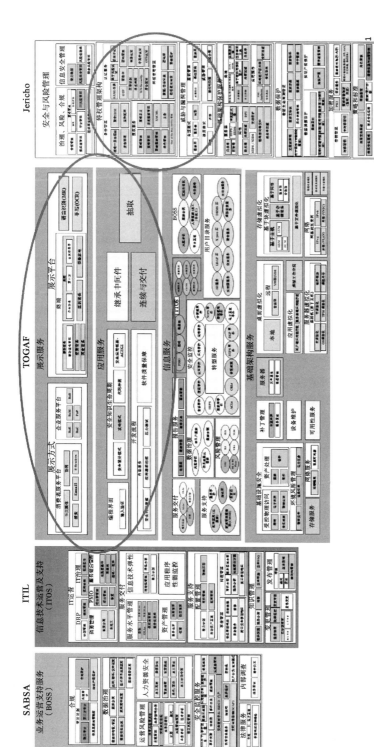

图 4-4 CSA TCI 安全架构参考模型①

———————
① 此图较大,读者可以从网上去找一下清晰版本。此处主要是呼应图 4-1 的安全整体架构,为安全架构与企业架构进行关联,并引出 NIST SP800-53r4 的安全控制要求。

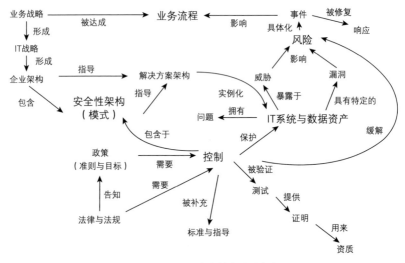

图 4-5　OSA 安全控制分类框架

4.5.1　安全场景分类

要对不同的安全场景进行分析，就需要对其进行分类，那么分类的依据是什么呢？安全需求和控制是为了应对安全威胁的，因此，从威胁的来源和可能性入手进行分类是相对合适的途径。如图 4-6 所示，我们可以根据接入方式及用户种类的不同对安全场景进行分类。

采用不同接入方式（如互联网、移动网络、专线网络和内部网络）的应用系统，面临的威胁是不同的；而采用相同接入方式的应用系统，面对的威胁和威胁程度是类似的。根据威胁来源的不同对潜在的风险进行分级、分类，结果如下。

❑ 互联网/移动网络：高。

❑ 专线网络（包括 VPN）：中。

❑ 内部网络：低。

第4章 应用安全

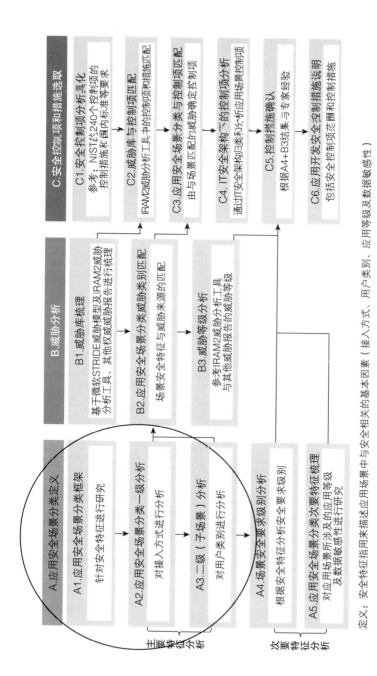

图4-6 安全场景分类方法

大众用户和内部用户带来**主观故意威胁的潜在可能也是不同的**。其中，内部用户中的普通用户和业务管理用户所拥有的**应用系统权限不同**，给应用系统带来的潜在危害也不同。针对相同的用户类别，所采取的安全防护是类似的。根据不同用户类别对潜在的风险进行分级、分类，结果如下。

- 大众用户：高。
- 第三方用户：中。
- 内部业务管理用户：中。
- 内部普通用户：低。

所以，综合起来，金融行业可能的应用安全场景分类及对应的管控级别如表4-1所示。

表4-1 应用安全场景分类及管控级别

接入方式	应用类型	用户类别	子场景序号	子场景名称	管控级别
非可信接入	互联网/移动网络接入	大众用户	1	大众用户通过互联网/移动网络接入的场景	高
		第三方用户	2	第三方用户通过互联网/移动网络接入的场景	高
		内部用户（行员）	3	内部用户（行员）通过互联网/移动网络接入办公的场景	高
	第三方专线接入	大众用户	4	大众用户通过第三方专线接入的场景	高
		第三方用户	5	第三方用户通过第三方专线接入的场景	中

(续)

接入方式	应用类型	用户类别	子场景序号	子场景名称	管控级别
非可信接入	VPN接入	内部用户（行员）	6	内部用户（行员）通过VPN接入办公的场景	中
		运维管理用户（行员）	7	运维管理用户（行员）通过VPN接入进行运维管理的场景	高
可信接入	内网或广域网接入	内部用户（行员）	8	内部用户（行员）通过内网或广域网接入办公的场景	低
		内部用户（外包）	9	内部用户（外包）通过内网或广域网接入办公的场景	中
		运维管理用户（行员）	10	运维管理用户（行员）通过内网或广域网接入进行运维管理的场景	高
		运维管理用户（外包）	11	运维管理用户（外包）通过内网或广域网接入进行运维管理的场景	高

以表4-1所示为基准，可以根据实际情况对场景进行合并或进一步细分，以形成和目标应用相对应的管控级别（高、中、低）。

4.5.2 威胁分析

如图4-7所示，在制定确定目标所应用的管控级别时，我们需要对应用所面临的威胁进行分析。

微软软件开发的生命周期STRIDE威胁模型如表4-2所示。

表4-2所示可以涵盖现在世界上绝大部分的安全问题。基于此表并结合ISF的IRAM2威胁分析工具，可得出威胁分类，如表4-3所示。

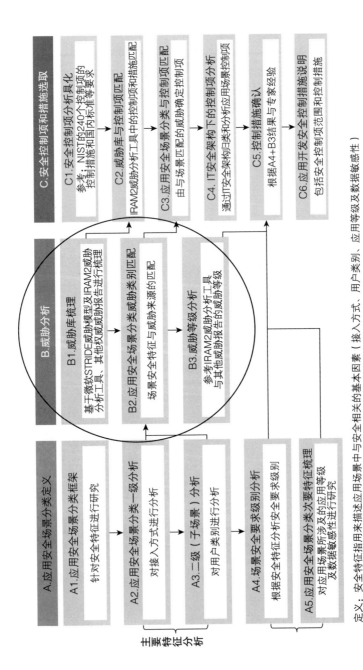

图4-7 威胁分析

表 4-2 微软 STRIDE 威胁模型

威胁分类	安全属性	威胁定义
假冒	身份验证	模仿其他人或实体
篡改	完整性	针对数据进行恶意修改
否认	不可抵赖	拒绝承认发生的事情、行为等
信息泄露	机密性	将信息泄露给未经授权的人员
拒绝服务	可用性	拒绝为用户服务或降低服务等级
提升权限	授权	获得非授予的访问权限

表 4-3 威胁分类

威胁分类	来源	来源于（内部/外部）
主观故意威胁	黑客组织	外部
	个人黑客	外部
	员工（特权）	内部
	员工（通用）	内部
	客户	外部
主观故意威胁	有组织犯罪	外部
	竞争对手	外部
	民族国家	外部
	第三方/合作伙伴	外部
	供应商/合作伙伴	外部
客观意外威胁	员工（通用）	内部
	客户	外部
	员工（特权）	内部

常见威胁事件及应对方法如表 4-4 所示。

应用安全常见威胁如表 4-5 所示。

表 4-4 常见威胁事件及应对方法

威胁事件编号	威胁类型	威胁名称	威胁事件描述	控制指导	优先控制参考	威胁来源（内部、外部或两者都有）	威胁程度
ADV001	身份验证攻击	会话劫持	未经授权获得预先存在的、合法信息系统之间或信息系统与终端用户之间的网络会话	CTL01 安全的网络设计 CTL03 事件日志记录和监控 CTL04 IDS/IPS CTL05 安全标准系统构造 CTL06 无线网络安全 CTL07 安全意识 CTL11 加密（通信） CTL18 安全性测试 CTL22 安全管理软件开发	CTL11 加密（通信） CTL22 安全管理软件开发 CTL18 安全性测试 CTL01 安全的网络设计 CTL06 无线网络安全 CTL05 安全标准系统构造 CTL03 事件日志记录和监控 CTL04 IDS/IPS CTL07 安全意识	两者都有	中
ADV002	身份验证攻击	威胁劫持	未经授权获得身份凭证并使用该凭证进入组织的信息系统。身份验证信息可通过许多方式被收集，比如： • 信息泄露 • 不安全的存储方式 • 针对密码进行暴力破解或猜测攻击 • 威胁可能的结合利用方式： • 利用未加密或者加密不足的信息 • 利用有效用户的弱密码	CTL01 安全的网络设计 CTL03 事件日志记录和监控 CTL04 IDS/IPS CTL05 安全标准系统构造 CTL06 无线网络安全 CTL07 安全意识 CTL18 安全性测试 CTL20 加密（存储） CTL23 访问管理	CTL23 访问管理 CTL18 安全性测试 CTL20 加密（存储） CTL01 安全的网络设计 CTL06 无线网络安全 CTL03 事件日志记录和监控 CTL04 IDS/IPS CTL07 安全意识	两者都有	高
ADV003	身份验证攻击	利用脆弱的授权机制	威胁利用组织信息系统的授权机制，非法获得敏感功能和信息资产访问权。这类威胁现在有多个方面： • 绕过授权检查 • 特权升级改击 • 强迫浏览/导航	CTL01 安全的网络设计 CTL03 事件日志记录和监控 CTL04 IDS/IPS CTL05 安全标准系统构造 CTL06 无线网络安全 CTL07 安全意识 CTL18 安全性测试 CTL20 加密（存储） CTL22 安全管理软件开发 CTL23 访问管理	CTL22 安全管理软件开发 CTL23 访问管理 CTL03 事件日志记录和监控 CTL04 IDS/IPS CTL18 安全性测试 CTL20 加密（存储） CTL01 安全的网络设计 CTL05 安全标准系统构造 CTL06 无线网络安全 CTL07 安全意识	两者都有	中

表 4-5 应用安全常见威胁

STRIDE 模型分类	安全属性	相关安全技术要求分类	常见安全威胁
S 假冒	身份认证	账户权限及身份认证	恶意批量注册
			暴力破解
			暴力枚举用户名
			网络窃听
			字典攻击
			密码外泄（钓鱼等方式）
			私钥泄露
			绕过（登录绕过）
			软键盘
			机器识别
			弱口令
			服务器端请求伪造 SSRF
			跨站请求伪造 CSRF
			未验证的重定向或转发
		会话管理	会话劫持/中间人攻击
			会话标识未更新
			重放攻击
T 篡改	完整性	数据完整性、保密性、有效性	SQL 注入
			XSS 跨站脚本攻击
			含有已知缺陷组件
			不安全的 HTTP 方法
			host header 攻击
			不安全传输
			抗逆向反调试
R 否认	不可抵赖	日志审计管理	恶意操作
			未授权的配置管理
			抗抵赖缺陷
I 信息泄露	机密性	数据完整性、保密性、有效性	客户端不安全存储
			敏感信息泄露
			HTTPS 敏感数据劫持攻击

(续)

STRIDE 模型分类	安全属性	相关安全技术要求分类	常见安全威胁
D 拒绝服务	可用性	数据完整性、保密性、有效性	文件包含
			文件上传攻击
			恶意软件
			重复提交
			短信验证码报文回显攻击
			代码执行缺陷攻击
			命令执行攻击
			错误的配置管理
E 提高权限	授权	访问与授权	跨域访问缺陷
			越权攻击
			文件下载缺陷
			框架钓鱼缺陷
			功能级访问缺陷

如表 4-5 所示，金融机构互联类应用常见的威胁如下。

1）假冒类威胁如下。

- 密码外泄：主要是指内部普通用户/业务管理用户的账号、密码被其他人员通过社会工程学、钓鱼邮件等方式获取并登录相关系统进行操作，包括非授权操作、篡改、删除数据或其他非法行为。
- 重放攻击：主要是指攻击者发送一个目的主机已经接收过的包来达到欺骗系统的目的。在用户身份认证过程中，攻击者利用网络监听或者其他方式盗取认证凭据，之后再把它重新发给认证服务器。重放攻击可以导致信息注入、流量攻击、数据重传、误收，严重的可能导致应用系统瘫痪。
- 会话劫持：获取用户 Session ID 后，使用该 Session ID 登录目标账号。攻击方式有中间人攻击、注射式攻击等。
- 会话固定：利用服务器的 Session 不变机制，借他人之手获得认证和授权,然后冒充他人进行非法操作。

2)篡改类威胁如下。

- ❑ SQL 注入:内部普通用户、业务管理用户在主观故意或在不知情的情况下,将含有恶意 SQL 命令的文件通过 Web 表单递交或输入域名,最终达到欺骗服务器执行恶意 SQL 命令的目的。
- ❑ 重复提交:主要是指内部普通用户、业务管理用户提交表单时可能由于网速卡顿或者网页被恶意刷新,致使同一条记录重复插入后台数据库,造成业务逻辑的崩溃。

3)否认类威胁:主要是恶意操作,即人众用户、业务管理用户进行不当操作并否认自己的行为。

4)信息泄露类威胁:主要是敏感信息泄露,即银行各类敏感信息(如用户信息、经营数据、财务数据、人事信息等)在使用、传输等过程中,因主动(如数据输出)或被动(如数据传输中被抓包)行为导致泄露。

5)拒绝服务类威胁如下。

- ❑ 恶意软件:主要是指外部恶意攻击导致应用系统服务中断或降级。
- ❑ 恶意批量注册:通过自动化手段针对应用系统进行大规模账号注册的行为。大规模账号批量注册会占用大量资源,导致应用系统页面出现无法连接或连接中断等问题。
- ❑ 错误的配置管理:业务管理用户未经授权进行配置管理,如进行新建、变更、删除等操作,导致系统服务中断或降级。

安全威胁库里的具体细节应该根据最新的行业情报随时进行更新,比如来自各大安全公司(如 Symantec、McAfee、Cisco、Trend Micro、Forcepoint、奇安信、亚信安全)的情报,来自各大权威调研机构(如 Gartner、IDC、Forrester、CNCERT)的情报,以及来自各大咨询公司(如德勤、普华永道、安永、IBM、埃森哲等)的情报。

4.5.3 安全控制库

在建立应用威胁库的同时,我们还需要建立有针对性的安全控制库。在安全场景中对应的安全控制项和相关措施如图 4-8 所示。

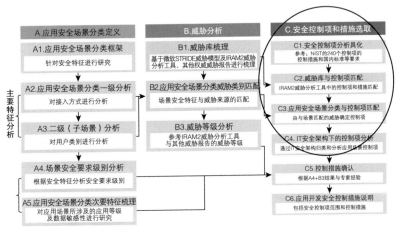

图 4-8 安全控制

我们以 NIST SP800-53r4 的 17 个控制域的 240 个控制项为基准(见图 4-9),结合相关法律法规、技术标准及行业规范,并参

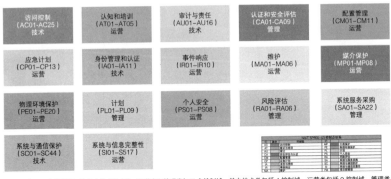

NIST 共有 240 个控制项,分为 3 类(技术类、运营类和管理类)17 个控制域,其中技术类包括 4 控制域,运营类包括 9 控制域,管理类包括 4 控制域

图 4-9 NIST SP800-53r4

考其他国际信息安全标准，形成适合金融行业的应用安全控制库（见表 4-6）。这些安全控制库都有高、中、低 3 种不同的控制级别，以方便与安全控制级别进行对应。

表 4-6 金融行业应用安全控制库

	分 类	安全控制内容	互联网移动类	第三方接口类	办公和内部业务类
1	账户权限及身份认证	账户管理、账号权限、身份识别、认证	26	3	16
2	访问与权限	访问控制、授权	9	1	5
3	会话管理	会话的控制、锁定、认证、终止	7	2	4
4	日志审计管理	审计监控、报告、日志保护、故障、状态	3	2	2
5	密钥与加密	密钥、加密、证书	2	2	2
6	数据完整性、保密性、有效性	数据完整性、输入输出校验、内存保护、残留信息处理、差错处理、进程保护	27	11	19
	技术要求总数		74	21	48

4.5.4 安全控制级别

如图 4-10 所示，有了可以运用的安全控制库，我们需要确定应对不同目标应用面对的相同威胁所需要的控制级别。比如拿网银和银行门户网站来进行比较，二者都是面向互联网的应用，都可能面对假冒类或者篡改类的威胁，但网银在防范假冒类威胁时所需的控制显然要严格许多，门户网站主页面对篡改类威胁时需要采取的措施比网银更严格。

在每个应用管控类别中，确定各个应用系统的具体安全控制级别时，除了要考虑由管控级别（见表 4-1）表示的威胁级别外，还要考虑系统本身的重要性（包括提供的功能的重要性和涉及的敏感数据），而信息系统安全等级保护正是从这两方面来评定级别的。因此，用矩阵的方式综合考虑这两个维度，就会得到应用系统的具体安全控制级别，如表4-7所示。

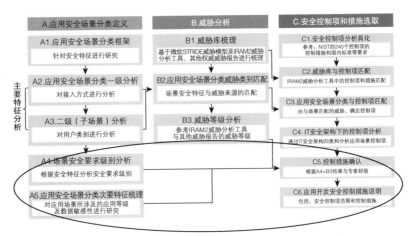

图4-10 安全控制级别

表4-7 应用系统安全控制级别

应用系统安全控制级别		安全管控分类等级		
等级保护级别	4级	高	高	中
	3级	高	中	低
	1~2级	中	低	低

确定了目标应用所需的应用系统安全控制级别以后，就可以针对其所面临的威胁，参考安全控制库里面的控制要求和级别在安全系统开发生命周期管理中进行落实。

4.6 安全系统开发生命周期管理中控制措施的落地

为了确保应用的安全，各项控制措施必须在应用安全生命周期的各个环节均得到有效落实。

4.6.1 安全系统开发生命周期管理概述

安全系统开发生命周期（SSDLC）是通过在传统的系统开发生命周期（SDLC）中设立安全检查点、建立所需的最低安全控制级别而形成的。

安全检查点确保了使用 SDLC 方法时的灵活性，同时通过遵守安全要求的基线来最小化实现系统和解决方案关联时的安全风险。

如图 4-11 所示，无论什么样的开发方法和应用模式，都可以通过设置安全检查点来落实必要的安全控制。关键是从需求及设计阶段开始就要引入安全检查点，这样才能保证安全控制落地的一致性。

图 4-11　安全系统开发生命周期

1. 安全需求

安全需求用于确保识别、记录并保护所开发系统的机密性、可用性和完整性。

关键要求如下：

- ❏ 要建立安全检查表，确保在定义安全需求期间会处理所有相关主题。
- ❏ 信息安全专家要参与定义安全需求。

- 正在开发的应用程序应在中央应用程序存储库中注册。

2. 安全设计

安全设计用于确保在建立和实施新的信息系统之前，完整设计好保护机密性、可用性和完整性的安全控制策略。

关键要求如下：
- 识别并记录潜在的与安全相关的风险。
- 信息安全架构师参与有关安全控制的讨论。
- 安全控制旨在满足规定的安全要求。
- 安全需求和控制应集成到测试计划中。

3. 安全测试

安全测试用于确保在实施新的信息系统之前，完整建立和测试保护机密性、可用性和完整性的安全控制策略。

关键要求如下：
- 系统是使用安全编码标准和最佳实践开发的。
- 信息安全专家参与执行安全测试并识别漏洞和安全缺陷。
- 只有在未发现重大漏洞或安全缺陷时，应用程序才会部署到生产环境。

4. QA检查

QA检查用于确保在将新信息系统部署到生产环境前，所有安全检查点的要求都已满足，并且系统在部署后可以维护。

关键要求如下：
- 在将应用程序部署到生产环境之前，所有安全检查点的要求都已满足。
- 安全要求已纳入生产后的维护计划中。
- 在系统的整个生命周期内，应对其进行持续安全渗透测试。

图4-12所示是传统瀑布式开发项目执行安全检查点的流程。安全检查点将包含在开发生命周期的不同阶段内。检查点的确切执行

时间将由单个项目商定。最重要的是，在将应用程序部署到生产环境中之前，应成功满足所有安全检查点的要求。

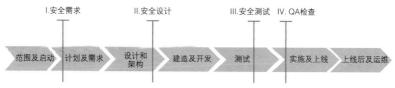

图 4-12 瀑布式开发生命周期中的安全检查点

图 4-13 所示为使用敏捷方式的项目多次执行安全检查点的流程。根据每个冲刺的重点，一些安全测试可以作为冲刺的一部分被执行，而当所有冲刺都完成时，完整的安全测试就会执行完毕。最重要的是，在将应用程序部署到生产环境中之前，应满足所有安全检查点的要求。

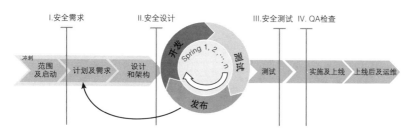

图 4-13 敏捷式系统开发生命周期中的安全检查点

4.6.2 应用安全设计框架

如前所述，通过安全需求可以确保满足目标应用所需的安全控制要求，那么如何在设计阶段将这些要求和控制覆盖进去呢？结合当前大多数应用开发分层的方式，我们提出了基于设计分层的安全设计框架（见图4-14）。

要实现应用安全设计框架，就要对一些安全设计基本原则达成一致。

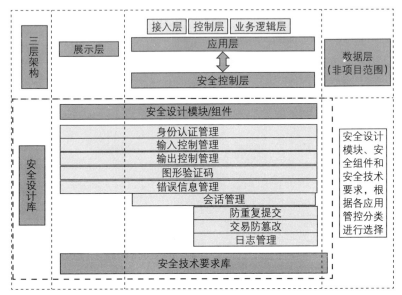

图4-14 基于设计分层的应用安全设计框架

- **安全假定原则**：假定来自互联网的连接都是不安全的，来自内网的连接都是可信的，那么互联网应用安全设计框架就是为了更有效地应对来自互联网的各种威胁（尤其是外部非法用户的主观故意威胁）以及来自可信网络下的各种威胁（尤其是内部特权用户的行为）。
- **纵深防御原则**：互联网类应用设计应遵守至少三层（展示层、应用层和数据层）的分层设计原则，各种威胁也是针对各层的漏洞进行攻击的，所以安全设计应该在不同层内或层间实现并全面覆盖，以达到纵深防御的目的。
- **代码重用原则**：为了减少不必要的系统重复建设，减轻新系统、新平台的漏洞威胁，在开发系统时，应根据安全技术要求，逐步形成可共享、可复用的安全组件或安全模块。
- **平台化原则**：为了减少不必要的安全功能重复建设，应逐步完善现有平台或开发框架上的安全组件功能，例如自主研发移动平台、电子银行移动应用开发框架等。
- ❑ 统一接入原则：为了加强对应用系统的安全管理，在各类安全场景下，应尽量接入统一的安全管理系统/平台，例如在外部接入场景下，建议使用统一接口平台，在加密场景下，建议使用加密机综合管理系统。

4.6.3 安全设计技术要求库

根据 4.5.3 节介绍的安全控制库，可以形成针对不同场景的目标应用的安全设计技术要求库，具体包括以下 6 类要求。

- ❑ 账户权限及身份认证：主要包括账户管理和身份认证等安全技术要求，如动态密码、图形验证码和提示信息等。
- ❑ 访问与权限：主要包括访问与权限安全技术要求，如对输出权限的控制和对 Web 服务器目录访问的禁止等。
- ❑ 会话管理：主要包括会话连接的安全技术要求，如对并发会话数的限制、对较短的会话过期时间的要求等。
- ❑ 日志审计管理：主要包括针对日常操作日志记录的安全技术要求，如日志内容、内容覆盖、失败处理等。
- ❑ 密钥与加密：主要包括与信息加密相关的安全技术要求，如加密算法和可信公共证书等。
- ❑ 数据完整性、保密性、有效性：主要包括信息在创建、输入、传输、使用等过程中，防止对其完整性、保密性、有效性破坏的安全技术要求，如校验码、前端输入验证、传输通道加密等。

表 4-8 展示了安全设计技术要求库的部分实现细节示例。

4.6.4 安全设计组件/安全模块

我们在同一个开发平台上要尽量利用可共享、可复用的安全组件/安全模块。表 4-9 所示是部分安全组件/安全模块示例。

表 4-8 安全设计技术要求

编号	领域	控制域	子控制域	安全等级	安全技术要求	推荐安全控制措施
身份认证-001	账户权限及身份认证	应用系统账户与权限管理	首次登录	低	具有初始口令的应用系统,应在首次登录时强制修改口令	在进行应用系统账户与权限设计时,应具备首次登录修改口令的配置功能,用户在首次登录时强制修改口令
身份认证-002	账户权限及身份认证	应用系统账户与权限管理	标识符管理	低	应用系统应具有防止用户ID（User ID）重用的机制	应用系统在为每个客户分配一个 User ID 时,使用数据库 Sequence 来确保 User ID 不会被置用
身份认证-003	账户权限及身份认证	应用系统账户与权限管理	标识符管理	中	应用系统应对接入设备采用 MAC 地址、IP 地址或设备唯一标识符等（设备指纹）进行标识 设备包括手机、电脑等输入输出设备	应用系统可通过获取 Flash 插件、HTTP 请求等方式获取 IP 地址、标识符、证书等信息进行标识
身份认证-004	账户权限及身份认证	应用系统账户与权限管理	账户管理	低	修改用户信息时,应只修改页面变更的信息字段,避免整表升级的情况发生	修改用户信息时,应只修改页面变更的信息字段,避免整表升级的情况发生
身份认证-005	账户权限及身份认证	应用系统账户与权限管理	账户管理	中	应用系统应采用自动邮件、短信通知等自动化机制来进行应用系统用户账号变动管理	在进行应用系统账户与权限设计时,应加入自动邮件或其他通知功能,来进行应用系统用户账号自动化管理,当账号相关信息（如权限、绑定的手机等）发生变化时,应发出通知

库部分实现细节示例

模块/组件/平台	互联网移动类	办公和内部业务类	第三方接口类	互联网移动类参考措施	办公和内部业务类参考措施	第二方接口类参考措施
身份认证管理模块	Y	Y	N/A	安全技术要求	安全技术要求	N/A
身份认证管理模块	Y	Y	N/A	使用数据库Sequence生成唯一User ID，保证唯一性	使用数据库Sequence生成唯一User ID，保证唯一性	N/A
身份认证管理模块	Y	Y	Y	IP：通过HTTP请求获取IP地址 设备指纹：通过植入Flash插件到页面获取设备信息，生成设备指纹	通过通信连接获取IP地址，判断是否为内网环境下设备。例如POIN具备IP记录功能，可进行配置设定	通过验证其身份标识符、证书、建立黑名单、白名单等手段进行标识
安全技术要求	Y	Y	N/A	安全技术要求	安全技术要求	N/A
身份认证管理模块	Y	Y	N/A	交易控制类中调用总前接口实现短信、邮件等自动通知功能	IAM层和应用层都无通知	N/A

编号	领域	控制域	子控制域	安全等级	安全技术要求	推荐安全控制措施
身份认证-006	账户权限及身份认证	应用系统身份与认证管理	用户标识与认证	低	应用系统应使用单因素认证的方式	单因素认证的方式，包括用户名密码或手机动态密码等方式 密码应具有一定的复杂度，如登录密码由至少8位、3种以上类型字符组成，或交易密码为6位且避免弱口令（如123456）
身份认证-007	账户权限及身份认证	应用系统身份与认证管理	用户标识与认证	中	应用系统应使用双因素认证的方式	应用系统使用双因素认证的方式，包括用户密码＋动态密码/口令/证书/生物识别/活体识别等方式 ＊生物识别包括人脸识别、指纹识别、声音识别等 ＊活体识别指根据系统要求抬头、摇头、张嘴等 网上银行采用的多种双因素认证方式：用户名、密码加动态密码，即在用户名、密码登录的基础上还需要验证手机动态密码；用户名、密码加动态口令，即在用户名、密码登录的基础上还需要认证动态口令

(续)

模块/组件/平台	互联网移动类	办公和内部业务类	第三方接口类	互联网移动类参考措施	办公和内部业务类参考措施	第三方接口类参考措施
身份认证管理模块	Y	Y	N/A	主要采用用户名+密码或手机动态密码的方式	主要采用用户名+密码的方式	N/A
动态口令集中认证管理平台	Y	Y	N/A	用户名+密码+证书：证书使用签名验证服务器进行验证 用户名+密码+动态口令：动态口令使用动态口令集中认证管理平台 视频认证、生物识别（人脸识别、指纹识别）、活体识别（根据系统要求抬头、摇头、张嘴等）等方式	用户名+密码+动态口令 视频认证、生物识别（人脸识别、指纹识别）、活体识别（根据系统要求抬头、摇头、张嘴等）等方式	N/A

注：1. Y 表示有或符合要求；
2. N/A 表示没有或不符合要求。

表 4-9 安全设计组件 / 安全模块示例

模块名称		身份认证管理模块	图形验证码模块	会话管理模块	交易防篡改模块	防重复提交模块	错误信息提示模块	日志管理模块	输入控制管理模块	输出控制管理模块
包含功能		1. 集中账号管理 2. 登录管理 3. 设备认证管理 4. 多用户登录限制管理	验证码生成与校验	会话生命周期管理	交易防篡改	防重复提交	错误信息提示	日志记录功能	1. 前端输入控件 2. 加密解密 3. 数据校验 4. 文件上传校验	1. 前端输出限制 2. 后端输出限制
开发分层	展示层 接入									
	应用层 业务逻辑									
	应用层 后台管理									

我们可以将上述组件与 OWASP ESAPI 推荐的安全组件进行映射，发现其功能基本都得到了覆盖，如图 4-15 所示。

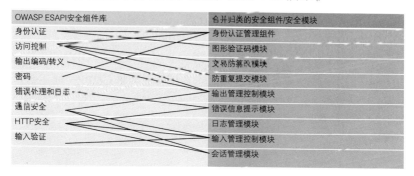

图 4-15　安全设计组件与 OWASP ESAPI 安全组件的映射

金融企业应该部署更多跨平台的企业级安全应用，在企业层面进行统一管控。

应用安全设计流程可总结为如下三步。

第一步：确定管控分类。

第二步：确定安全控制级别。

第三步：确定安全设计框架并进行安全设计。

此处主要讨论了安全设计阶段如何将前面场景化分析方法确认的各种安全控制策略落地，测试和上线阶段本来就是金融机构比较重视的环节，故应满足 4.6.1 节中描述的各个安全检查点的关键要求。同时也应采用代码扫描、白盒测试、黑盒测试、渗透测试、客户端扫描、App 加固等技术手段，以进一步确保各种安全控制策略的落地。

4.7　开放银行与 API 安全

越来越多的银行开始采用开放银行技术与第三方合作来提供

各种金融服务，开放 API 的大量运用也给整体应用安全带来了新的挑战。

4.7.1 开放银行标准

英国的 CMA（竞争及市场管理局）组织成立的 OBWG（开放银行工作小组）以满足 PSD2（支付服务指令）和 GDPR（通用数据保护条例）为基准，提出了开放银行框架，如图 4-16 所示。

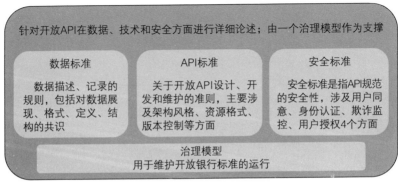

图 4-16　开放银行框架

CMA 又组织 OBIE（开放银行实施实体）从 API 规范、安全配置文件、客户经验指南及运营指南 4 个方面提出了开放银行标准，这为开放银行的相关应用的开发提供了指导。

API 规范包括如下内容。

- **API 读/写规范**：描述一组 RESTful API 的规范，相关 API 使第三方服务商能够安全、高效地连接到提供账户服务、支付服务的供应商，并在征得客户同意的情况下访问信息，同时为客户发起支付。
- **开放数据 API 规范**：规范允许 API 提供者（如银行、建筑协会和 ATM 提供者）开发 API 端点，然后 API 用户（如第三方开发者）可以访问这些端点，为银行客户构建移动和

Web 应用程序。
- 目录规范：包括开放式银行目录的工作方式以及目录中每个参与者的角色和功能的详细技术信息。
- 客户注册（DCR）规范：规范定义了用于第三方服务商向账户服务、支付服务的供应商提交软件语句断言的 API，以便创建向账户服务、支付服务的供应商注册的 OAuth 客户机。
- 管理信息报告规范：开放银行业务、账户服务、支付服务的供应商的管理信息报告规范。管理信息报告规范包括详细的数据字典和管理信息报表模板。

安全配置文件包括如下内容。
- 金融等级 API（FAPI）简介：odif 金融级 API（FAPI）是一个 RESTful API，它提供代表高风险的 JSON 数据。这些 API 受 OAuth 2.0 授权框架的保护，该框架由 [RFC6749]、[RFC6750]、[RFC7636] 和其他规范组成。此配置文件描述适用于财务级 API 的服务器和客户端的安全性规定。
- CIBA 配置文件：OpenID Connect 客户端发起的反向通道身份验证流 CIBA 的配置文件，它支持分离的交互方法。本文档介绍了 CIBA 规范，使其与 FAPI 的其他部分保持一致，并为其与需要金融级安全性的 API 一起使用提供了安全建议。

客户体验指南包括：
- 认证方法。
- 账户信息服务。
- 支付启动服务。
- 卡基支付工具发行者。
- 客户体验指南、检查列表。

运营指南包括：
- 可用性及性能。

- ❏ 专用接口需求。
- ❏ 问题解决方案。
- ❏ 变更及沟通管理。
- ❏ 运营指南检查列表。

4.7.2　API 安全

API 安全是开放银行安全的核心，建议以 RESTful 为架构，并参考以下安全设计原则进行设计。

- ❏ **最低权限**：实体只应具有执行被授权操作所需的权限，而不应具有更多权限。可以根据需要添加权限，并且应该在不再使用时撤销权限。
- ❏ **默认失败安全机制**：除非用户已明确获得"许可"，否则应"拒绝"用户对系统中任何资源的默认访问。
- ❏ **经济机制**：设计应尽可能简单。所有组件接口以及它们之间的交互应该足够简单。
- ❏ **完全控制**：系统应验证与其所有资源对应的访问权限，以确保这些访问权限是合法的，并且不应依赖于缓存的权限矩阵。如果给定资源的访问级别被撤销，但权限矩阵中没有反映这一点，那么安全性会降低。
- ❏ **开放设计**：这一原则强调了以开放的方式构建一个没有秘密、没有机密算法的系统的重要性。
- ❏ **特权分离**：授予实体权限，不应纯粹基于单个条件，最好是基于资源类型的条件组合。
- ❏ **最小公用机制**：它涉及不同组件之间处于共享状态时存在的风险。如果某个组件可以损坏共享状态，那么它就可以损坏依赖它的所有其他组件。
- ❏ **心理可接受性**：与安全机制不存在可比性，安全机制不应使资源更难获得。简而言之，安全性不应该使用户体验变差。

最佳实践参考如下。

- **保持简单**：确保一个 API 或系统的安全级别正好是它需要的安全级别。每当你"不必要地"使解决方案变得更复杂时，可能会留下漏洞。
- **始终使用 HTTPS**：通过始终使用 SSL，身份验证凭据可以简化为在 HTTP Basic Auth 的 username 字段中传递随机生成的访问令牌。令牌使用起来相对简单，而且用户可以免费获得许多安全功能。如果使用 HTTP/2 来提高性能，甚至可以通过一个链接发送多个请求，这样可以避免以后请求完整的 TCP 和 SSL 时产生握手开销。
- **对密码进行散列处理**：必须始终对密码进行散列处理，以保护系统（或将损害降至最低），即便是在某些黑客的攻击尝试中受到损害，也应如此。许多散列算法已被证明对保护密码安全非常有效，例如 PBKDF2、bcrypt 和 scrypt 算法。
- **从不公开 URL 上的信息**：用户名、密码、会话令牌和 API 密钥不应该出现在 URL 中，因为其可以在 Web 服务器日志中捕获，这使得它们很容易被利用。比如：
  https://api.domain.com/user management/users/{id}/someAction?apiKey=abcd123456789// 非常糟糕！

  这个 URL 公开了 API 密钥，所以，千万不要使用这种形式的安全措施。
- **考虑 OAuth**：尽管基本身份验证对于大多数 API 来说已经足够了，而且如果实现正确的话，它也是安全的，但是用户可能还需要考虑 OAuth。OAuth 2.0 授权框架使第三方应用程序能够代表资源所有者获得对 HTTP 服务的有限访问权限，方法是在资源所有者和 HTTP 服务之间安排审批交互，或者允许第三方应用程序代表自己进行访问。

❏ **考虑在请求中添加时间戳**：与其他请求参数一起，用户可以在 API 请求中添加请求时间戳作为 HTTP 自定义头。服务器将比较当前时间戳和请求时间戳，若在合理的时间范围内（可能是 1~2 分钟）则接受请求。这将防止试图在不更改此时间戳的情况下强制系统中的用户进行非常基本的重放攻击。

❏ **输入参数验证**：在进入应用程序逻辑之前，先验证请求参数。系统进行强验证检查，如果验证失败，则立即拒绝请求。注意，在 API 响应中，应发送相关的错误消息和正确输入格式的示例，以提高用户体验。

在进行 API 安全设计的时候，下列各项是考虑的重点。

1）**身份验证**——只有合法用户才能访问系统。

❏ **基本身份验证**：这是使用用户名和密码实施访问控制的最简单的技术。

❏ **摘要身份验证**：网络服务器接收潜在用户的请求，然后将其发送到域控制器，域控制器向接收原始请求的服务器发送一个名为"摘要会话密钥"的特殊密钥。然后，用户必须生成一个响应，该响应将被加密并传输到服务器。如果用户的响应形式正确，服务器将授予用户访问网络的权限。

❏ **SSL/TLS 相互认证**：SSL/TLS 相互认证或基于证书的相互认证是指双方通过验证所提供的数字证书来相互认证，以确保双方都能确定对方的身份。在技术术语中，它是指客户端（Web 浏览器或客户端应用程序）向服务器（网站或服务器应用程序）进行自身身份验证，并且该服务器还通过验证由可信证书颁发机构（CA）颁发的公钥证书/数字证书向客户端进行自身身份验证。

- <Client Name> 令牌：这是一种安全技术，它使用服务器提供的安全令牌（<Client Name>）对试图登录服务器、网络或其他安全系统的用户进行身份验证。

2）授权——系统不应该允许用户做任何超出规定范围的事情。

- 授权码授权：通过授权服务器发送的授权码获得授权。
- 隐含授权：通过登录时的令牌获得授权。
- 密码授权：通过密码获得授权。
- 客户端凭证授权：通过客户端凭证获得授权。
- 链式授权：通过验证并继承上一个令牌获得授权。

3）机密性——机密数据只能让目标方看到，其他人看不到。

- 公钥加密：通过 PKI 公钥体系对密钥本身进行加密和发布。
- JSON Web 加密：JSON 通过定义 JWT（JSON Web 令牌）定义了一种可以签名或加密的标准格式，可参考 RFC 7519。JSON Web 加密定义了加密 JWT 的过程，可参考 RFC 7516。

4）完整性——保持交易的完整性。

- JSON Web 签名：定义了对 JWT 进行数字签名的过程，可参考 RFC 7515。
- 传输层安全（Transport Layer Security，TLS）：传输层安全的新继任者安全套接层（Security Socket Layer，SSL）在互联网上提供保护安全信道的加密协议，对诸如网站、电子邮件、网上传真等数据传输进行保护。SSL 3.0 和 TLS 1.0 有少许差别，但两种规范大致相同。

5）可用性——系统可供用户随时访问。

❏ **负载均衡**：如图 4-17 所示，通过负载均衡设备将任务分配到多个操作单元上，以加强网络数据处理能力，增加吞吐量，提高网络的可用性和灵活性。

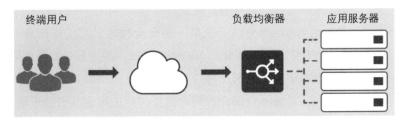

图 4-17　任务分配过程

❏ **集群**：如图 4-18 所示，集群是一组相互独立的、通过高速网络互联的计算机，它们构成了一个组，并以单一系统的模式加以管理。一个客户与集群相互作用时，集群像是一个独立的服务器。集群配置用于提高可用性和可缩放性。

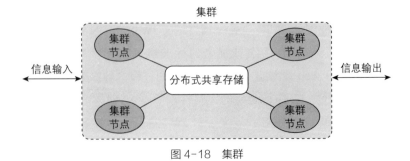

图 4-18　集群

❏ **可靠性消息**：如图 4-19 所示，通过消息队列管理可确保用户端和服务器端的处理消息得到有效传递和应对。

6）保证——保护不可抵赖性。通过身份认证和数字签名可以避免对交易行为的抵赖，通过数字时间戳可以避免对行为发生的抵赖。相关框架如图 4-20 所示。

图 4-19 消息队列管理

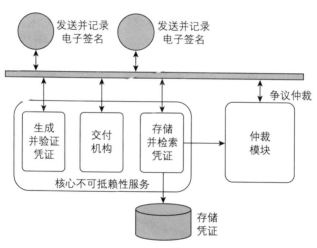

图 4-20 不可抵赖性框架

4.8 小结

应用安全是整体安全体系中最复杂也是相对薄弱的环节,尤其是在敏捷开发或者 DevOps 应用越来越多的情况下,安全必须在需求和设计阶段就得到足够重视。开放银行 API 在非信任环境中允许各种第三方应用连接调用,这也对应用系统提出了更高的安全要求。本章所述的方法以场景化的分析为核心,充分考虑整体安全体系和安全架构的兼容性和覆盖性，依据威胁来源对目标应用进行分类，建立威胁库及对应的安全控制库，再结合目标应用本身及要处理的数据的重要性决定安全控制级别。考虑设计分层的原理，利用应用安全设计框架，将在需求阶段形成的各种安全技术要求，在设计阶段通过组件/模块的方式充分落地，并为整个应用安全生命周期管理的安全检查点提供执行依据，实现端到端的安全控制。

第5章 CHAPTER 5
数据安全

本章将探讨以下问题：
- 金融科技数据资产面临的威胁和挑战是什么？
- 金融科技数据安全的定义和范围是什么？
- 数据安全、数据治理以及网络安全有哪些异同点？
- 行业中有哪些可供参考的数据安全管理框架？
- 如何解决数据孤岛和数据隐私保护的问题？

在金融科技和数字化时代，数据已然成为一家公司的重要资产，甚至关系到一家公司的生死存亡。业界称数据资产为"皇冠上的明珠"。打个不一定恰当的比方，把大数据比作核裂变，如果我们对这种反应使用得当，那就能让它为经济发展带来巨大能量，但如果控制不当，就会引发巨大的危机。数据安全可以比作为大数据这座"核电站"提供可控核裂变的关键能力。在金融科技领域需要厘清的问题大致是：什么是数据、如何识别关键业务数据资产、如何评估数据资产遭遇的威胁、如何确定保护"皇冠上的明珠"的手段、如何综合平衡施策等。

5.1 数据资产面临的威胁和挑战

根据中国信息通信研究院于 2018 年发布的《大数据安全白皮书》，在云计算和大数据的背景下，围绕数据的生产、采集、处理、共享等数据生命周期的各个环节，内部泄露和外部攻击、管理和技术、新技术风险和存量技术风险等问题交织发生，数据安全威胁可来自大数据平台自身、数据安全、隐私保护这三方面。

平台安全方面的挑战主要表现在以下几方面：
- Hadoop 等开源工具缺乏整体安全规划，自身安全机制存在局限性。
- 由于大数据平台服务具有数据多源化、多样化、高度流动化的特点，传统安全机制难以满足需求。
- 大数据平台的大规模分布式存储和计算模式导致安全配置难度成倍增长。
- 对于面向大数据平台的新型网络攻击手段（如APT等），传统安全监测技术存在明显不足。

数据方面的威胁和挑战主要表现在以下几方面：
- 数据泄露事件发生的数量持续增长，造成的危害日趋严重。
- 由于缺乏监测手段，数据采集环节的完整性保障缺失成为影响决策分析的新风险点。
- 跨传统组织边界的数据处理过程中的机密性保障问题逐渐显现。
- 由于数据流动路径的复杂性，事后追踪溯源变得异常困难。

个人隐私方面的挑战主要表现在以下几方面：
- 因为传统隐私保护技术可以通过对多来源、多类型的数据集进行关联分析和深度挖掘来复原匿名化数据，所以隐私保护有失效的可能。
- 传统的隐私保护技术（如去标识化、匿名化技术等）难以适应大数据的非关系型数据库。而在金融科技领域，因为系统中存有海量个人敏感信息和交易信息，所以监管网络安全和消费者数据安全面临重大挑战。

5.2 金融科技行业的数据及数据安全

5.2.1 数据的定义

数据已经不再代表单纯的数字，不仅指公司财务或者业务开展上的数字，还泛指一切与工作有关的信息和文档，如客户信息、员工信息、公司组织架构、业务规划、日常工作产出的项目文档、设计稿、源代码等。因此，金融科技公司在进行数据安全建设的初期，就要对目前的数据安全范畴有一个正确和准确的认知，只有这样才能保证后续数据安全建设根基的牢固。因为数据范围的外延，可以说今天的数据安全不再只是对商业方面有重大影响，更是关乎公司经营的合法合规以及整体信息安全。2019 年 5 月 28 日，国家互联网信息办公室发布《数据安全管理办法（征求意见稿）》，将个人信息和重要数据作为保护对象，在附则中对网络数据、个人信息、重要数据等关键概念进行了进一步的明确和界定。

- **网络数据**，指通过网络收集、存储、传输和处理所产生的各种电子数据。
- **个人信息**，指以电子或者其他方式记录的能够单独或者与其他信息结合识别自然人个人身份的各种信息，包括但不限于自然人的姓名、出生日期、身份证件号码、个人生物识别信息、住址、电话号码等。
- **重要数据**，指一旦泄露就可能直接影响国家安全、经济安全、社会稳定、公共健康和安全的数据，如未公开的政府信息、基因健康信息、地理信息、矿产资源信息等。重要数据一般不包括企业生产经营和内部管理信息、个人信息等。

在金融行业，金融数据可以被认为是金融机构在开展金融业务、提供金融服务以及进行日常经营管理时，所需要的或产生的各类数据。而个人金融信息则是金融机构通过提供金融产品和服务，或者通过其他渠道获取、加工和保存的个人信息。

5.2.2 数据资产估值和暗数据

想要对数据进行保护，就要对数据资产的价值有相应的评判。业界近年来开展相关实践，发现影响数据资产价值的因素有三个（见图 5-1）：数据资产质量价值、数据资产应用价值和风险。数据资产质量价值是站在数据消费者的角度，考虑数据资产的真实性、完整性、准确性、数据成本、安全性；数据资产应用价值则考虑稀缺性、时效性、多维性、场景经济性；风险方面主要指法律限制和道德约束，这对数据资产的价值有着从量变到质变的影响。对数据交易的限制性规定越多，交易双方的合规成本和安全成本就越高。能制定出有效解决合规安全和效率问题的数据安全解决方案，就能提供更多价值。

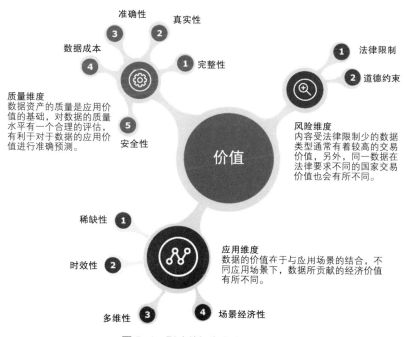

图 5-1　影响数据资产价值的因素

而在数据资产评估方面，根据业界近年来的实践，发现可以通过成本法、收益法、市场法等对数据资产进行定量评估。用成本法评估数据资产时，会依据形成数据资产的成本进行。尽管无形资产的成本和价值关联不强且成本不一定完整，但用成本法评估一些数据资产的价值是存在一定合理性的，比如在交易性和收益性不确定但又需要交易的时候，可以采用成本法。用收益法评估数据资产时，数据资产作为经营资产直接或者间接产生收益，其价值实现方式包括数据分析、数据挖掘、应用开发等。收益法较真实、准确地反映了数据资产本金化的价值，更容易被交易各方所接受。在市场法中，数据资产的获利形式通常包括客户关系管理、客户细分、客户画像、个性化精准营销、提高投入回报率、内部风险管理等。收益法和市场法可应用于交易性和收益性较好的数据资产评估。三种评估方法在应用于数据资产价值评估时，各自具有优势和局限性，目前尚未形成成熟的数据资产价值评估方法。

此外，我们也要关注一些占用大量系统和运营资源但又无法被有效利用的"暗数据"。根据Gartner的定义，暗数据指金融机构在常规业务活动中收集、处理和存储，但通常无法用于其他途径的信息资产。由于金融系统大数据具有数据量大、种类繁多、形成速度快、缺乏数据血缘分析手段、元数据管理糟糕等特点，暗数据会造成数据在可访问性、准确性、可审计性等方面的质量问题。在安全方面，由于缺乏有效的分级、分类等措施，暗数据中如果涉及个人信息和重要数据，再缺乏有效的脱敏、加密、备份等手段予以保护，就会面临安全风险。在成本方面，随着数据量呈指数级增长，包括数据存储在内的技术成本会大幅增长，随着监管法规的持续推出，合规成本也会随之上升。

5.2.3 如何理解数据安全

数据安全有别于传统的针对网络攻击的防御，可在大的数据管理的框架下，以保护数据为中心，把"建立数据安全策略与标准，依法合规采集、应用数据，依法保护客户隐私，划分数据安全等级，明确访问和复制等权限，监控访问和复制等行为，完善数据安全技术，定期审计数据安全"作为数据安全管理工作的主要内容。而数据安全管理和数据治理之间有着相辅相成的关系，我们可以通过目标、对象、理念、技术、发起部门、产出内容、资产管理等维度对数据安全、网络安全、数据治理进行比较（见表 5-1）。

表 5-1 数据安全、网络安全、数据治理对比表

比较项	数据安全	网络安全	数据治理
目标	安全使用数据	网络安全防护，免受攻击	数据驱动商业发展，挖掘企业数据价值
对象	内部人员或准内部人员	外部攻击者	以数据为主
理念	以数据分类分级为基础，确保信息合理、安全流动	区域隔离、网络安全域划分	以技术带动数据治理能力
技术	数据使用过程中的安全管理流程和技术	以边界防护为主要手段	数据结构化、数据质量评估、数据清洗、数据规范化、数据融合与摘取、共享发布
发起部门	业务部门/安全合规部门	以科技部门为主	数据管理部门
产出内容	通过对企业数据分级分类加强安全策略、数据合规安全措施	通过边界控制提升网络防护能力	通过对数据的清洗和规范来提升数据质量
资产管理	明确数据分级分类的安全标准，识别敏感数据资产分布，呈现敏感资产的访问情况和授权报告	通过对IT资产的盘点，识别风险等级和分类分级防护措施	通过元数据管理，赋予数据上下文和含义的参考框架

5.3 数据安全管理参考框架

当前业界解决数据安全管理有两个主要思路：
- ❑ 从数据安全治理的角度，首先明确谁对数据安全负最终责任，然后在这个责任框架下通过数据发现、数据分类分级，

明确以 DLP（数据防泄露）为主导的技术管理措施和审计措施。在集中式的以金融机构为主导的传统技术架构下，这种模式是有效的。然而，就像牛顿的经典物理学的有效性在更为宏观的尺度下不再那么有效一样，在诸如小微、消费信贷、医疗险、车险等领域，跨界、跨实体的多数据源计算成为主要计算场景。

❑ 在法规方面，又会面临网络安全以及个人信息保护等相关法规对于隐私保护和个人数据安全的严格要求，传统的基于 DLP 的解决方案便不能应对新的挑战。这时，一些领先的金融科技公司就开始在验证测试阶段乃至投入生产阶段，运用诸如联邦学习等全新的数据安全解决方案来应对。这两者并不是互相排斥的，而是相辅相成的，它们的共同点在于"以数据为中心"，不同点在于数据安全治理是站在某一机构的视角来看数据安全，而联邦学习等新的数据安全解决方案是站在一个跨界业务生态的视角上的。

不同规模、不同发展阶段的机构可以根据自己的实际情况灵活运用上述思路解决实际问题。

接下来，我们谈谈数据安全相关的参考框架。

Gartner 在数据安全领域也颇有建树，先后提出了数据安全治理和以数据为中心的安全架构等参考框架，其中数据安全治理架构据称是 Gartner 的分析师 Marc Antoine Meunier 在"Gartner 2017 安全与风险管理峰会"上代表 Gartner 发布的，Marc 将其比喻为"风暴之眼"，以此来形容数据安全治理框架（DSGF）在数据安全领域的重要地位及作用。

DSGF 的核心架构如图 5-2 所示。

许多人认为数据安全只是一个技术问题，然而想通过数据分类、DLP、数字版权管理或数字加密等工具完全解决数据安全问题是不可能的。数据安全是一个复杂的问题，如果不对数据本身、数据创建和使用的上下文以及如何映射到既定的治理框架有深刻理解，就无法理解到底什么是数据安全，更谈不上数据保护了。

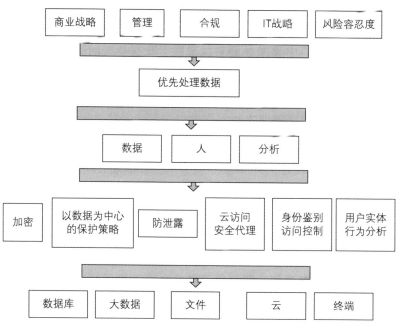

图 5-2　DSGF 核心架构

DSGF 可以帮助企业解决数据安全问题。DSGF 提供了一个以数据为中心的蓝图，其中包括：识别和分类企业相关结构化和非结构化数据集，定义数据安全策略，选择实施风险缓解的技术。

在 DSGF 落地过程中，企业高层风险领导者是主要负责人，其主要职责如下：一是必须确定组织对数据安全事件、监管环境的业务策略和风险的容忍度，并根据业务风险识别和分类数据资产；二是进一步考虑并明确企业技术投资优先级，以实现从 DSGF 衍生出来的目标；三是需要充分利用数据，为管理提供数据驱动的情报；四是数据安全必须包括传统数据安全技术之外的其他方面。

上面所说的其他方面涉及的内容包括如下几项。

- **关键技术方面**：身份和访问管理（IAM）程序应能帮助理解用户上下文和跟踪数据访问的关键组件，特别是在响应受损害的凭据问题时。IAM 为管理人员访问系统和数据提供了一种结构化、连贯的方法。而 UEBA 解决方案采用基于行为分析的方法构建用户和实体（主机、应用程序、网络流量和数据库等）的标准配置文件和行为标准。与这些标准不相符的活动就会被认为是可疑的，从而发现恶意内部人员和外部攻击者。

- **意图**：在保护数据方面，企业必须有能力尝试揭示用户及攻击者的意图，以更好地确定和区分哪些是合法的数据安全事件，哪些是存在疏忽或滥用的情况的。

- **优先级**：通过采用自动化和智能建议，使用 DSGF 时应优先考虑使用持续的适应性风险和信任评估系统来选择适当的安全政策规则和功能，以确保能减小关键业务的风险。

- **与数据治理充分协同**：在 DSGF 实施过程中，应该保证数据安全方案与企业数据治理方案保持一致，尤其是数据管控的评估政策和数据分类。

- **关键敏感数据集的开发识别能力**：开发识别敏感或关键数据集的能力，并审计整个企业环境。明确跨多个工具协调的规则，因为单个工具或控件很少能解决所有企业的数据安全风险问题。

- **持续改进**：在企业数据安全程序中定期进行差距分析，以应对不断变化的业务目标和动态威胁。

2019 年 7 月，Gartner 又发布了"以数据为中心的安全架构"（Data Centric Security Architecture，DCSA），这个架构希望通过实施

以数据为中心的安全架构，在数据生命周期中发现、分类、保护和监视数据，帮助企业安全和风险管理技术专业人员减小影响企业数据的威胁和合规问题。其大纲包括了控件分类、控件族、数据孤岛、DCSA 和 DSGF 的关系、数据映射、数据发现和分类、数据控件检查、产品检查、常见问题等内容。

5.4　解决数据孤岛和隐私保护问题⊖

在金融科技领域，由于业务跨界的要求，数据跨越传统边界流动成为常态，比如小微贷款业务除了需要银行自身的数据及人行征信数据外，非金融领域的数据（诸如电商销售数据、运营商行为数据、第三方平台业务数据、服务情感数据等）也成为主动营销客户、减少信息不对称性、提升客户满意度的有力武器。但是这些数据源之间存在着难以打破的壁垒，在大多数行业中，数据是以孤岛的形式存在的，由于行业竞争、隐私安全、合规性复杂等问题，即使是在金融单位的不同部门之间，实现数据整合往往也面临重重阻力。现实情况下，想要将分散在各地、各个机构的数据进行整合，所需的成本是巨大的。

鉴于数据孤岛和隐私保护的问题，一些业界领袖旗帜鲜明地提出"保护用户利益大于商业利益"的观点，如马化腾提出："腾讯不能套用很多其他公司的做法，把数据直接去任意打通。因为在我们的平台里面，全部都是人和人之间的通信信息、社交行为数据，如果说数据可以任意打通，给公司业务部门或者给外部的客户用，那会带来灾难性的后果。这方面我们要更加谨慎，对于很多平台运营商来说，这是要始终关注的问题。我们要从用户的角度来考虑，

⊖　参见由微众银行 AI 项目组发布的《联邦学习白皮书 1.0》，网址为 https://img.fedai.org.cn/fedweb/1552917119598.pdf。

把个人信息和数据保护放在优先地位。"此外，业界也逐渐发展出两条数据共享技术路线：

1）**基于硬件可信执行环境（Trusted Execution Environment，TEE）的可信计算**：目前在 TEE 技术中，较为成熟且比较典型的是 Intel 的 SGX（Software Guard Extensions）技术，其通过提供一系列 CPU 指令码，允许用户用代码创建具有高访问权限的私有内存区域（Enclave，飞地），只有在 CPU 计算时，Enclave 中的数据才会通过 CPU 上的硬件进行解密。此外，该技术通过提供一套远程认证机制（Remote Attestation），确保用户能够远程确认 Enclave 中运行的代码是否符合预期（见图 5-3）。

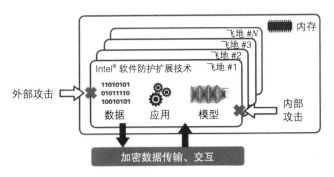

图 5-3　Inter® SGX 技术通过 Enclave 来增强数据安全防护

2）**基于密码学的多方安全计算（Multi-Party Computation，MPC）**：较为典型的代表是谷歌于 2016 年提出的联邦学习，该技术的初衷是在大数据交换时保证信息安全，保护终端数据和个人数据隐私，保证合法合规，其通过多方参与或在多计算节点之间开展高效率的机器学习，解决安卓手机终端用户在本地更新模型的问题。

联邦学习希望参与数据交换的各个企业的自有数据不出本地、不违反数据隐私法规，在这个前提下，联邦系统可通过加密机制下的参数交换方式，建立一个共有的虚拟模型。这个虚拟模型的效果和各参与方把数据聚合在一起建立的模型一样，而建好的模型在各自的区域内仅为本地的目标服务。在这样一个联邦机制下，参与方能产生较为明显的协同效应（见图5-4）。

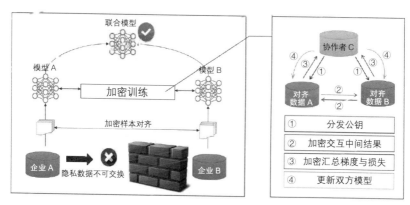

图 5-4 联邦学习系统架构

而在我国金融科技实践中，更多的是 TEE 和 MPC 联邦学习的组合，这方面比较有代表性的是微众银行、平安科技、蚂蚁金服这3家机构推出的方案。我们可以从关键技术、应用场景这两个领域比较这三家的方案（见表5-2）。

表 5-2 国内部分金融科技公司在联邦学习/共享学习方面的实践

对照领域	平安科技	微众银行	蚂蚁金服
关键技术	秘密分享 差分隐私 TEE	同态加密	秘密分享 差分隐私 同态加密 TEE
应用场景	保险 小微信贷 消费信贷	小微信贷	保险 小微信贷 消费信贷

121

不过，由于相关技术理论出现和应用的时间都比较短，业界有专家提出需要在以下几个方面进行提升后，才可能进一步加大应用规模㊀：
- ❏ 提升整体效率，在保证数据隐私安全的前提下，尽可能提升联邦学习系统的效率。
- ❏ 完善奖励机制，将这种资源差异性考虑在内，制定灵活的资源分配机制，并根据这种差异设计相应的激励机制。
- ❏ 优化底层技术原理，减少隐私技术可能会对机器学习模型最终准确度造成的影响。

5.5 小结

金融科技高度依赖数据资产并将其作为拓展业务疆域的关键能力，但数据资产在生命周期中面临数据平台、数据安全、隐私保护等方面的挑战。我们可以根据实际情况采用成本法、收益法、市场法等方法对数据资产进行评估，在此基础上采取适当的数据安全治理架构进行管理。在多源跨界的金融科技领域，可尝试采用联邦学习等方法跨越由于数据孤岛和隐私合规保护带来的数字化鸿沟，为金融科技行业开展数字化转型打下良好基础。

㊀ 参见蔡芳芳撰写的《破解 AI 数据困境：联邦学习在平安科技的大规模实践》，发表于 infoQ。

第6章 CHAPTER

网络安全

本章主要探讨以下几个问题：
- ❏ 网络安全分级保护的原则是什么？
- ❏ 如何构建网络安全的身份与访问管理体系？
- ❏ 如何开展网络边界安全的管理？
- ❏ 网络安全边界防护的主要措施和手段有哪些？

6.1 金融企业安全技术架构

金融企业安全技术架构的目标是在分级保护原则和企业安全战略的指引下，明确支撑金融企业信息系统所需的网络安全技术、网络安全解决方案及相关安全服务策略，以全面构建金融企业信息安全能力，保障金融企业信息系统的网络安全。

金融企业安全技术架构以分级保护的原则为指引，涵盖纵向6个技术架构层次、横向6个安全能力。

- ❏ 分级保护的原则：包括网络安全域划分、系统安全等级划分和数据安全级别划分，针对不同级别的业务应用和数据，采用不同的安全保护策略。
- ❏ 纵向6个技术架构层次：包括数据、应用、主机、网络、终端和物理环境的安全，分别覆盖技术架构不同层面上的安全需求。
- ❏ 横向6个安全能力：包括访问控制、完整、保密、可用、可审计以及探测和修补。

针对金融企业技术架构，根据信息安全技术的功能相似性和建设相关性，将金融企业安全技术蓝图架构分为10个信息安全体系（见图6-1）。通过10个信息安全体系，覆盖金融企业信息系统所有安全建设需求，支撑金融企业信息安全管理体系和安全运维体系，为金融企业业务发展和IT建设保驾护航。

第6章 网络安全

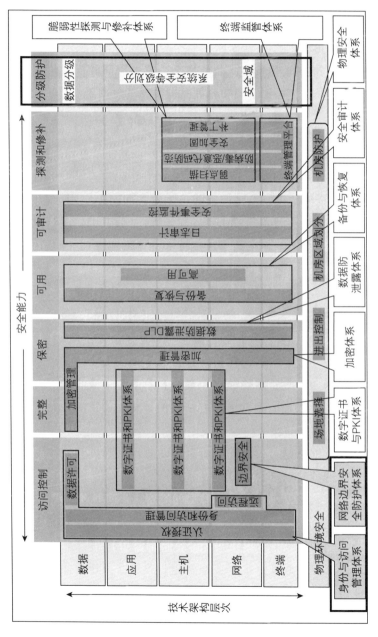

图6-1 金融企业安全技术参考蓝图架构

下面将聚焦网络安全的分级保护、身份与访问管理体系、网络边界安全防护体系 3 个部分的内容，深入讨论金融企业如何进行安全的分级保护、可以构建怎样的分级保护原则、如何构建网络安全的身份与访问管理体系、如何管理网络边界安全等问题。

6.2 分级保护原则

金融企业可以基于不同业务功能的重要程度，对业务组合所对应的应用系统的重要性进行分析，并对不同重要级别的应用系统及其所处的网络逻辑分区进行不同程度的安全防护。对信息系统进行分级防护的整体目标是实现差异化控制，保护金融企业投资安全。

分级保护原则对整体安全架构的影响体现在以下 3 个方面。

- **系统安全级别**：结合金融企业的应用蓝图架构设计，根据金融企业各业务功能及其对应的应用系统的重要性不同，将金融企业的各应用系统划分成不同的安全防护级别。系统的安全级别将影响应用系统和对应主机系统的安全防护级别，以及应用系统的安全防护策略，如访问控制策略和日志审计策略。
- **网络安全域**：根据业务应用的重要性的不同和网络安全可以防护的重点的不同，结合技术架构对网络功能区的影响，可将金融企业网络划分为不同的网络安全域。网络安全域的划分将影响网络边界防护策略，以及数据跨不同安全域传输的加密策略。
- **数据安全级别**：根据金融企业业务数据和其他企业数据的敏感性和重要性，参考业内标准化的数据安全分级机制，将金融企业数据划分成不同的安全级别，并明确针对不同类型数据采取不同保护策略和措施。数据安全级别的划分将影响不同级别数据的访问授权以及传输和存储加密策略。

综上所述,系统安全级别的划分是分级保护的基础;网络安全域在系统安全级别的基础上,对网络功能逻辑区进行安全域划分;数据在系统安全级别划分的基础上考虑业务信息的敏感程度和重要程度,并对企业数据进行安全级别的划分。

下面分别介绍系统安全级别、网络安全域和数据安全级别的目标和分级保护策略。

6.2.1 系统安全级别

1. 目标

信息系统等级保护是在国务院颁布的《中华人民共和国计算机信息系统安全保护条例》中明确提出的,是对信息系统进行有效安全防护的重要指引。等级保护的目标是通过对受保护信息系统的级别划分,确定与不同级别信息系统对应的安全需求、管理手段和信息安全事件响应机制。

我们通过研究大量企业在设计和安全运营方面的实践,归纳总结了金融企业系统安全级别划分的主要目标:

- ❏ 持续推进信息系统等级保护级别的划分,根据划分的等级选取标准的安全控制方案,结合应用系统自身的业务需求,明确信息系统安全需求。
- ❏ 针对安全需求实施相应的安全保护,以保证企业的信息资产不受侵害。

建议金融企业参考以下原则,在金融企业信息系统需求分析阶段确定信息系统的安全级别,并对信息系统实施相应的等级保护。

- ❏ **适度定级**:对应用系统进行定级时可以遵循《信息安全技术 网络安全等级保护安全设计技术要求》(GB/T 25070—

2019）的指导意见，并根据应用系统的实际业务目标和系统服务的安全状况来确定适当的等级。

- **适当保护**：权衡应用系统的安全保护投入成本，针对不同级别的系统采用不同级别的保护措施，从而保护安全投资。
- **同步**：安全等级保护与应用系统同步，在应用系统设计阶段可以在安全需求分析中考虑相应的保护级别划分。

2. 保护策略

金融企业可以按照国家标准《信息安全技术 网络安全等级保护基本要求》（GB/T 22239—2019），对包括核心业务系统在内的部分关键业务和办公系统进行等级保护评定，建议由第三方权威机构或者著名咨询公司牵头，组织相关专家进行认定或者评审。一般可将核心业务系统评定为第四级（强制保护级），将中间业务系统、网银系统、单证系统、公文系统等评定为第三级（监督保护级），将客服系统、报表系统等评定为第二级（指导保护级），企业可以根据具体的应用系统安全需求确定具体的评级策略。

金融企业的传统做法一般是针对部分重要业务系统进行等级保护，随着金融科技、互联网金融、金融市场和客户的快速变化，金融企业的业务战略普遍发生了转变，仅对部分重要业务系统进行等级保护的划分不足以规范日趋复杂的信息系统安全保障体系建设。建议金融企业可以及时调整等级保护策略，以《信息安全技术 网络安全等级保护定级指南》（GB/T 22240—2020）为参考指引，由信息系统中各应用的所有人（部门）执行相应的等级保护定级工作，从而确定各应用的保护级别。

确定系统的保护级别后，对不同级别系统进行安全保护可以参考等级保护的相关安全保护措施。依据一些金融企业中的领先实践，我们总结了金融企业系统安全级别与安全技术要求的参考模型（见表6-1）。

表 6-1 金融企业系统安全等级与安全技术模型

安全等级 技术要求	二 级	三 级	四 级
身份和访问管理	单因素认证	双因素认证	多因素认证
加密	实现系统鉴别信息传输和存储的保密性	实现系统管理数据、鉴别信息和重要业务数据传输和存储的保密性	实现系统管理数据、鉴别信息和重要业务数据传输和存储的保密性及加密授权的管理
备份与恢复	关键设备硬件冗余	关键设备硬件冗余 避免网络节点单点故障 在异地灾备中心建立相应的数据备份系统	关键设备硬件冗余 避免网络节点单点故障 在异地灾备中心建立应用级容灾系统
安全审计	对重要安全事件进行审计	定期进行安全审计,并对安全审计记录数据进行统计、查询和分析,生成审计报表	定期进行安全审计,并对安全审计记录数据进行统计、查询和分析,生成审计报表;提供统一安全审计接口

6.2.2 网络安全域

安全域是一组具有安全防护共性的系统的逻辑集合，一个安全域可以包括一个或多个物理或逻辑网段，对应一组安全要求相似的业务组合。安全域防护的目标不仅是实现边界防护，而且是在网络、主机、应用和数据等多个层次上实现对信息系统的深层防护。

1. 目标

参考《信息安全技术 网络安全等级保护基本要求》（GB/T 22239—2019）中重要网段与其他网段之间应采用可靠技术隔离手段的要求，建议金融企业结合系统安全保护级别的定义，明确相应的网络安全域和防护措施，全面保障信息系统的安全运行。

金融企业进行网络安全域划分的目标如下。

- **分级保护**：把复杂的、大规模的安全防护问题，分解为较小区域内的安全防护问题，实现大规模复杂信息系统的安全分等级保护，落实分级防护、突出重点的战略防御理念，构建金融企业信息系统信息安全防护体系建设的基础。
- **明确边界**：明确应用的边界，针对金融企业信息系统不同安全域采取不同的边界防护策略。
- **防止扩散**：实现在发生安全事故的情况下将事故影响范围限定在特定的安全域，防止安全问题向全网扩散。

2. 保护策略

建议金融企业信息系统安全体系建设结合各应用系统的业务特点，根据业务中断可能造成的影响和遭受攻击的可能性对各信息系统进行分析，判定信息系统等级保护级别及相应的安全需求，并根据上述划分结果进一步对网络安全域进行划分，以便更有针对性地进行金融企业信息的安全防护设计。

金融企业一般可以根据本企业的安全技术蓝图架构的现状，对网络架构采取分区或分层的方法；结合对各应用系统重要程度的判断，对网络逻辑功能进行分区，分离不同的服务器流量，进一步提高网络架构的灵活性和安全性。针对单个网络逻辑功能分区可能包括多个不同保护级别系统的特点，金融企业可以参考图 6-2，在网络逻辑功能分区的基础上，进一步确定网络安全域，并将其作为安全防护的基本单元。

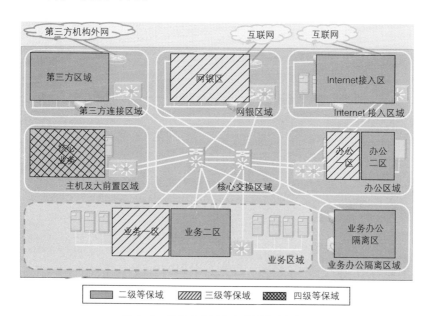

图 6-2　信息安全网络安全域参考架构

结合对金融企业系统保护级别的评定、金融企业网络安全域的划分以及上面的安全域参考架构，我们总结了 3 种较为通用的安全域类型[一]，如表 6-2 所示。

[一] 此处给出的内容为初步规划内容，金融企业未来需要结合系统等级保护级别的评定工作，确定最终网络安全域。

表 6-2 通用的安全域类型

安全域类型	网络安全域	对应网络逻辑功能区	建设和防护要求
二级等保域	第三方区域	第三方连接区域	对应二级等保的业务系统，建设和防护标准满足二级等保的要求
	Internet接入区	Internet接入区域	
	办公二区	办公区域	
	业务二区	业务区域	
	业务办公隔离区	业务办公隔离区	
三级等保域	网银区	网银区域	对应三级等保的业务系统，建设和防护标准满足三级等保的要求
	办公一区	办公区域	
	业务一区	业务区域	
四级等保域	核心业务区	主机及大前置区域	对应四级等保的业务系统，建设和防护标准满足四级等保的要求

以上为网络安全域防护的基本划分，金融企业各业务部门在进行操作时如认为以上某一区域中有可以独立防护的系统，可进一步进行区域细分，深化安全防护体系。

此外，建议金融企业将各分支机构（包括海外分支机构）网络划分为不同的网络安全域，安全域的边界可以根据分支机构网络风险和对管理水平的评估风险，确定是否可以采取隔离措施；单个分支机构内部的网络也应当根据系统保护级别划分相应的网络安全域，并在安全域边界采取相应的隔离措施；对于海外分支机构，可以在充分考虑当地监管要求的基础上，根据等级保护的原则对网络边界进行相应的隔离。

在网络安全域划分的基础上，金融企业可以通过相应的技术隔离手段对安全域进行边界控制，保障网络的持续安全、稳定运行。同时，根据网络风险和管理水平的评估结果确定是否可以在总、分支机构间实施隔离措施。

6.2.3 数据安全级别

1. 目标

数据安全级别划分，是指为满足金融企业监管要求、保证金融企业在业界的竞争优势，对金融企业业务数据和其他敏感数据建立一套标准化的数据安全分级机制，包括划分完整的数据安全级别和实施严格的数据使用授权机制。

金融企业数据安全级别划分的最终目标是参考等级保护业务信息的定级标准，按照金融企业数据的敏感性、重要性，建立一套完整的数据安全分级标准，并基于数据安全分级标准、数据使用者的工作职责及权限制定相关的数据使用授权流程，以保证金融企业业务数据使用的安全性和合规性。

2. 保护策略

金融企业可以结合自身数据的特点，参考相关标准和行业实践，对数据的安全级别进行划分。在划分的过程中，金融企业可以根据数据的敏感性和重要性等因素来确定数据的安全等级。

- **敏感性**：考虑法律法规对数据保密、数据隐私保护等方面的要求，金融企业可以识别法律、法规或者合同定义的数据保护责任，评估数据泄露或非法访问对国家安全造成的影响、为金融企业带来的法律方面的后果或违背监管要求导致的风险。

- **重要性**：即数据对金融企业可能造成的业务中断、业务服务异常和业务管理决策的影响程度。金融企业可以评估数据遭受篡改、破坏或不可用时可能造成的业务中断风险、业务服务异常以及对业务管理决策的影响。

❑ **其他**：定义数据安全分级还需考虑时间因素对数据敏感性和重要性的影响、数据的授权访问范围、数据的保存方式等。

数据安全分级可以采用矩阵定义的方法，并参考数据的时间特性、数据的授权范围等其他因素。表 6-3 提供了一个典型的根据数据敏感性和重要性确定数据安全级别的参考矩阵。

表 6-3 根据数据敏感性和重要性确定数据安全级别的参考矩阵

安全级别＼重要性＼敏感性	4	3	2	1
4	核心	核心	关键	关键/重要
3	核心	关键	关键	关键/重要
2	关键	关键	关键/重要	一般/重要
1	关键/重要	关键/重要	一般/重要	一般/公开

对数据敏感性的 4 个级别的描述如表 6-4 所示。

表 6-4 数据敏感性描述

敏感性	描述
4	本级别的数据包含国家机密、公司高级机密，敏感性极高。此类数据或信息被泄露或破坏所带来的后果是不可接受的，将带来不可弥补的影响或者面临严重的法律风险。这可能会影响到国家级的利益，或者可能导致金融企业的重大声誉损失，并违背相关的强制监管要求
3	本级别的数据包含企业关键信息，敏感性高。此类数据或信息被泄露或破坏将会带来严重的后果。这可能影响到金融企业的声誉，并违背相关的强制监管要求
2	本级别的数据包含企业内部信息，本身具有一定的敏感性。此类数据或信息被泄露或破坏所带来的后果是可接受的，但是这可能会影响到金融企业的利益

(续)

敏感性	描述
1	本级别的数据不包含敏感信息。经过许可,此类数据或信息可以在一定范围内公开,但是仍然需要保证数据不被破坏和篡改

对数据重要性的 4 个级别的描述如表 6-5 所示。

表 6-5 数据重要性描述

重要性	描述
4	数据遭到破坏、篡改或不可用,会造成业务中断、服务终止,或对业务管理决策产生重大影响,以致无法弥补和修复,造成金融企业不可弥补的损失
3	数据遭到破坏、篡改或不可用,会造成业务中断、服务终止,或对业务管理决策的较大影响,可以利用较长的时间进行弥补和修复,但会使金融企业遭受严重损失
2	数据遭到破坏、篡改或不可用,会对业务运行造成严重影响,影响业务管理决策,可以弥补和修复,但会对金融企业造成一定的损失
1	数据遭到破坏、篡改或不可用,会对金融企业业务造成轻微影响,数据可以修复,损失可以忽略

综合考虑数据的敏感性和重要性,金融企业可以参考表 6-6 所示,采用 5 个安全等级来进行数据安全级别划分,即将数据分为核心、关键、重要、一般和公开 5 个级别。

表 6-6 数据安全等级划分

密级	定义	示例	授权访问范围
核心	关系国家安全或者包含商业机密等应严格控制和保护的信息,涉及金融企业运作的核心信息,泄露将对公众信誉造成严重损害	涉及国家安全的机密信息,金融企业的战略、未公开的并购信息、财务预测信息,法律法规要求保护的核心客户敏感信息等	金融企业高级管理层或特定部门的特定岗位员工

(续)

密级	定义	示例	授权访问范围
核心	要求具有高度机密性、准确性、完整性、可靠性和可用性		
关键	涉及金融企业运作的，仅在金融企业内部特定范围内以限制的形式访问的关键信息，泄露将对公众信誉造成重大损害 要求保证机密性、准确性、完整性、可靠性和可用性	产品和系统的源代码、开发文档、市场战略、审计报告、竞争优势分析报告等，未上报或者未公开的监管数据、审计报告、员工个人信息	金融企业内部特定部门的特定岗位员工
重要	涉及金融企业运作的，仅在金融企业内部特定范围内以限制的形式访问的重要信息，泄露将对公众信誉造成一定的损害 要求保证完整性、准确性、可靠性、可用性	重要内部数据，如业务操作流程、内部策略、会议备忘录、内部通讯录等	金融企业全部或者部分员工
一般	可以在金融企业内部共享，但是不能对公众开放的数据和信息 要求保证完整性、准确性、可靠性、可用性	除"核心""关键""重要"以外的其他内部数据	金融企业全部员工
公开	经过审核可以通过金融企业信息发布渠道向外公开的数据和信息 某些情况下可以保证完整性和准确性	金融企业网站发布的信息、公开报告	公众

在数据安全级别划分的基础上，金融企业可以参考表6-7，实现对不同级别数据的不同保护及控制。

表 6-7 不同级别数据的保护与控制

安全保护类型		类别	核心	关键	重要	一般	公开
逻辑保护	机密性	认证	采用多因素认证对应用系统中的数据访问通过数据总线传输的数据进行访问控制	采用双因素认证对应用系统中的数据访问通过数据总线传输的数据进行访问控制	采用单因素认证对应用系统中的数据访问进行控制对通过数据总线传输的数据进行访问控制	单因素认证	无认证要求
		授权	最小权限	最小权限	最小权限	最小权限	无授权要求
		加密	数据传输加密 数据存储加密 数据总线传输的数据通过ETL自身加密机制加密	数据传输加密 数据存储加密 数据总线传输的数据通过ETL自身加密机制加密	无须加密	无须加密	无须加密
	完整性		完整性校验	完整性校验	完整性校验	完整性校验	采用限制修改的文本格式发布
	可用性		备份和恢复	备份和恢复	备份和恢复	无须备份	无须备份

（续）

安全保护类型	类别	核心	关键	重要	一般	公开
物理保护	可移动存储设备	落实专人保管，存放于访问受控的场所；在物理传输过程中对人员选择、打包、交接等情况进行控制	落实专人保管，存放于访问受控的场所；在物理传输过程中对人员选择、打包、交接等情况进行控制	落实人员保管	无须控制	无须控制
	磁盘和磁带	落实专人保管，存放于访问受控的场所；在物理传输过程中对人员选择、打包、交接等情况进行控制	落实专人保管，存放于访问受控的场所；在物理传输过程中对人员选择、打包、交接等情况进行控制	确保有人员保管销毁时采取消磁处理	无须控制	无须控制
	光盘	落实专人保管使用时需经双人监控的情况下采取粉碎处理	落实专人保管使用时需经过管理层审批销毁时采取粉碎处理	确保有人员保管销毁时粉碎处理	无须控制	无须控制

6.3 身份和访问管理体系

6.3.1 概述

身份和访问管理体系围绕金融企业用户身份管理生命周期全过程，在应用和数据层面、主机设备运维层面、网络设备运维层面，建立用于创建、维护和使用数字身份的支撑性基础架构，为金融企业信息系统所包括的相关信息资源提供统一的用户身份管理和集中的认证授权服务，在业务允许的前提下保障金融企业数据、应用系统、主机设备和网络设备等信息资源的访问安全。

1. 金融企业面临的普遍问题

金融企业面临的普遍问题主要体现在如下方面。

1）**身份管理**：金融企业当前的应用系统的用户身份管理模块普遍采用分散模式，各个不同的业务系统有不同的身份管理模块；同时大量的金融企业普遍建立了基于活动目录（Active Directory，AD）的统一认证 SSO 平台来管理部分业务系统的用户身份，其中一些较为领先的企业建立了配套的自动化流程、系统、工具和考核方式。金融企业普遍会建立相应的管理办法和规章制度。

2）**认证管理**：金融企业当前普遍建设了统一认证平台，实现了对部分业务应用系统的统一访问控制，一般可以用业务域 AD 对用户的密码进行认证；一些领先的企业已经实现了办公域用户的认证服务与办公网段 AD 集成；互联网访问、VPN 访问系统均与办公网段 AD 集成。对于网络设备，采用双因素认证的方式进行认证管理；对于主机设备，采用对特权账号用户登录的双因素或者多因素认证。对于网银客户，金融企业普遍建立了基于数字证书的强认证体系，基本保障了客户登录的安全。

3）**权限管理**：在应用和数据层面，目前金融企业业务系统的权限普遍与业务系统的角色进行映射，且尚未定义企业级角色模型，将单个岗位的具体工作内容与相应的后端各应用系统权限进行匹配。从运营和管理视角来看，很少有金融企业成立专门负责用户身份和权限管理的岗位，以便对企业级用户身份进行管理，因此针对金融企业的用户的职责变化、权限调整难以实现联动和统一管理；当用户职责发生变化时，用户所在部门可以向相关应用系统权限管理部门提出权限变动申请，但过程复杂、烦冗且易出错。对于网络设备和主机设备，金融企业一般采用本地管理的模式进行运维账号的权限管理，首先对网络和主机设备的用户进行分类，然后针对每类账号的权限进行明确规定。

2. 业务需求

随着金融企业信息系统建设的逐步展开，分散的用户身份管理模式难以实现信息安全的集中控制和监管，金融企业需要对数量众多、用户数量庞大的应用系统进行身份集中管理和统一认证。应用安全管理的一个重要基础是具有集中的用户身份管理、权限管理和访问管理，以及集中统一的系统访问审计报告。综上，跨应用的安全管理协作成为金融业的刚需，但其也将对身份管理提出更高的要求。

3. 监管要求

具体的监管要求这里就不再展开介绍了，大家可以参考表 6-8 中罗列的规范自行学习。

表 6-8　网络监管相关规范

规范名称	颁布实体	相关内容
《商业银行信息科技风险管理指引》	原银监会	明确定义不同用户组的访问权限，对关键职位进行双重控制
《信息安全技术网络安全等级保护基本要求》	国家标准化管理委员会	对三级及四级系统网络设备、主机设备提出了双因素认证以及特征用户权限分离的要求 对三级及四级的应用系统用户提出了双因素认证、特权用户权限分离、最小授权、限制默认用户的权限等要求

6.3.2 身份和访问管理目标

综合上述金融企业现状、业务需求以及监管要求，金融企业可以全面建立针对企业系统信息资源的身份和访问管理体系，明确相关管理流程，并设立企业级身份和权限管理员，以对企业信息资源提供统一的用户身份管理和集中认证授权服务，从而全面保障企业信息资源的安全。

针对金融企业应用系统的应用和数据访问控制，金融企业可以在统一认证平台的基础上持续优化相关技术和流程，建立以身份管理、权限管理和访问管理为核心的统一身份和访问管理体系，以实现以下主要目标。

- **身份集中控制**：实现对金融企业用户身份全生命周期的集中控制，促进应用系统账号管理和系统资源的开通。遵从金融企业的安全规定，提供面向企业信息系统安全的基础平台，降低用户管理成本。
- **访问集中管理**：解决全局系统下的账号统一性问题，实现账号、口令的单一化，负责账号的集中发放、监管，关注用户生命周期的管理和安全控制，实现单点登录。
- **角色/权限联动管理**：建立基于角色的权限管理机制，实现对现有金融企业人员权限的自动化管理，员工离职或角色变化时立即移除相关的权限。
- **访问可审计**：通过日志审计，定期检查用户对资源的访问，实现对账号的有效监督和审核。

针对网络和主机设备的身份和访问管理机制，建议金融企业持续优化现有的针对本地身份和访问的管理模式，结合等级保护的相关要求，实现以下主要目标。

- **分级保护**：根据系统安全级别的划分，明确网络和主机设备的差异化访问控制要求；针对重要的主机和网络设备，加强双因素认证技术手段。

❑ **访问可审计**：通过日志审计，定期检查用户对资源的访问，实现对账号的有效监督和审核。

6.3.3 面向应用和数据的统一身份和访问管理架构

金融企业应用和数据层面的统一身份和访问管理可以包括身份管理、访问管理和权限管理三个方面的核心能力，图 6-3 所示是我们根据业界领先企业的实践总结出的统一身份和访问管理架构。图中"访问管理""权限管理""身份管理"这 3 个模块相关功能还有待完善，"身份开通""身份和策略库"模块相关功能在持续改进中，"安全支撑技术"模块相关功能已基本成型。

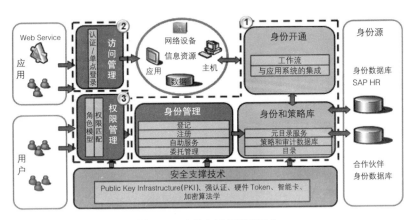

图 6-3 身份和访问管理架构

综合考虑实施难度、业务影响度和网络逻辑分区的划分，金融企业首先可以建立一套身份和访问管理系统，针对使用人数多、使用范围广的业务应用和办公应用进行身份的统一集中管理。本小节要介绍的目标应用系统即上述业务应用和办公应用，其中核心安全功能涵盖身份管理、访问管理和权限管理三部分。

1. 身份管理

统一身份管理为金融企业应用系统的用户分配唯一的用户 ID，以便集中管理用户账号。身份管理提供统一的用户身份生命周期管理、完整的管理审批工作流程、委派管理和用户自助服务等功能，以实现以下目标：

- ❑ 用户身份的创建和维护。
- ❑ 提供集中的、委托的、自助的或三者相结合的管理模型。
- ❑ 支持用户身份信息的分级委托管理，以减少与身份管理相关的时间和成本。身份信息的管理可以唯一指向特定的用户或特定的用户群。
- ❑ 自助服务允许用户自行维护个人基本信息、修改个人密码、忘记密码后自动找回，从而减少系统管理员的工作量。

身份和策略存储提供统一存储用户的身份信息、访问规则策略和审计日志信息的功能，是访问控制、开通服务和身份管理服务的基础。金融企业可以通过 SAP 系统的 HR 模块实现员工信息管理，并作为最权威的员工身份源，保证员工、组织机构信息的真实性和准确性。

如果金融企业采购的企业套装软件不支持 AD，将难以对身份进行集中管理。因此，身份和访问管理体系可以考虑对上述情况的控制。身份管理的基础是身份目录，结合目前金融企业的业务和办公域 AD 的使用现状，可以通过如表 6-9 所示的两种方案来实现企业级的身份目录。

表 6-9 企业级身份目录实现方案

	描 述	优 点	缺 点
方案一	继续使用 AD 作为企业级身份目录	利用现有 AD，投资最小	存在新购企业级应用不支持 AD 的风险，对该类应用的身份管理的支持有限，扩展性受影响

(续)

	描述	优点	缺点
方案二	使用其他成熟身份目录作为企业级身份目录，并实现与 AD 和其他未接入 AD 的应用系统的集成	扩展性较好，解决不支持 AD 的企业级应用不能接入现有 AD 的问题	使用其他企业级身份目录管理软件，投资较大

身份开通按照业务策略和规则，可将用户身份从权威账号源传播到目标系统自身的身份库，实现应用账号的集中开通，从而提高安全性，应用自动化的手段也可降低管理成本。集成的工作流提供一种自动化的方式来请求和批准身份管理变更，支持一致的业务规则和流程。业界领先的企业级身份管理套装软件都支持工作流功能，可实现如下功能：

- ❑ 迅速、自动地将用户身份从统一的身份库传播到目标资源自身的身份库。
- ❑ 替代手工操作，根据集中的策略和业务规则来开通用户的账号。
- ❑ 集成可定制的审批工作流。
- ❑ 通过连接器（个别系统采用 API 调用）提供与应用系统的集成。
- ❑ 接口优先级。

统一身份管理应该优先整合易于整合的、基于标准的用户目录（如关系型数据库或 LDAP、AD），或者提供了身份管理接口的套装软件，优先整合用户范围为企业、跨多个业务部门的应用。

对于业务相关关键应用，如核心业务系统，须评估接口复杂度、操作人员角色数量、业务部门的意愿等方面的因素后再确定是否集成到身份管理系统。

2. 访问管理

访问管理提供用户的身份鉴别服务，为后端受安全保护的应用和数据资源提供认证服务和访问控制。访问控制可以通过提供认证/单点登录的解决方案，减少用户重新登录办理业务的复杂性，提高用户的体验。目前金融企业普遍已经建立了统一认证 SSO 平台，可以从认证服务和远程访问两个方面持续推进对新接入系统的支持。

- ❑ 认证服务：对用户身份的真实性进行验证，认证服务负责通过对用户的 Session 进行安全管理，为用户提供单点登录，从而达成用户与企业内的应用和资源的无缝访问，而无须重新登录。针对安全级别为三级或四级的应用系统，可以对登录用户采用双因素认证的方法；对于用户从安全级别较低的系统通过单点登录的方式登录的情况，则可以进一步进行双因素认证。
- ❑ 远程访问：金融企业可以实现从 VPN 入口实现单点登录，远程用户成功登录 VPN 之后访问企业门户，无须再次输入用户名和密码即可以漫游的方式访问其他基于 B/S 架构的有权限访问的应用系统。

3. 权限管理

权限管理根据金融企业的组织架构和人员设置，定义应用系统的角色和权限模型，实现应用系统权限的统一管理。权限管理是实现金融企业统一授权的基础。

（1）基于角色模型的权限

金融企业应用系统权限可以采用请求（Request）、角色（Role）和规则（Rule）相结合的统一管理方法，即权限管理 R3 方法论。R3 方法论指出，一个用户在系统中的权限是由 3 个因素决定的。

为了支撑部门灵活的业务需求，建议金融企业以角色+规则的自动分配方式为主,将基于请求的方式作为有益的补充和辅助,满足用户在岗位职责之外开通系统权限的临时或特定的工作需求。三种方式相辅相成,使业务价值得到最大体现。

在金融企业实施部署统一权限管理的过程中,基于R3方法论构建金融企业角色权限模型,是整个工作当中最为关键的工作内容。因为不正确的角色权限模型将影响权限管理实施部署的后续阶段,降低预先承诺的收益。角色权限模型的建立和应用是一个复杂的、分阶段的过程,因此,采用合适且正确的构建方法和步骤对实施部署统一权限管理来说是事半功倍的合适且正确的构建方法和步骤,如图6-4所示。

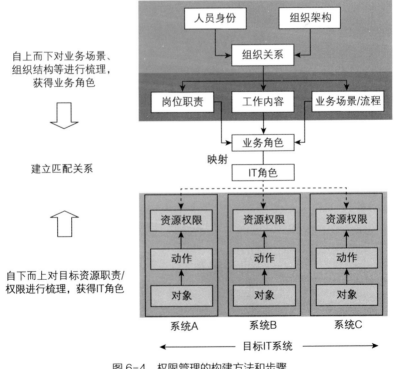

图6-4 权限管理的构建方法和步骤

（2）基本条件

目标应用系统接入统一权限管理必须符合的基本条件如下。

- 得到业务牵头部门的认同，业务牵头部门会影响管理的变革和用户使用习惯的调整，且有权限安排相应的技术人员和运维人员配合应用系统账号权限信息的规范化调整，建立与金融企业权威用户账号的一一对应关系。
- 应用系统已具有（或经过一定的开发后具有）对外开放的用户和权限管理接口，并能够按照统一权限管理平台接口规范实现标准化接口的封装，可能的系统改造和标准接口的封装可以由系统实施方按照接口规范负责完成。
- 统一权限管理系统不是一个孤立的系统或平台，其实现的程度依赖于各个被接入目标应用系统的权限管理模式。统一权限管理并不意味着代替被接入目标应用系统的权限管理模块，被接入目标应用系统仍有自己的权限管理模块。

6.3.4 本地管理模式

应用和数据的访问控制主要采用统一身份和访问管理的模式，而对主机和网络设备的运维账号管理则建议金融企业首先采用本地管理的模式，包括身份和权限的管理，并采用相应的审计手段进行控制。在面向应用和数据的企业的统一身份和访问管理系统逐步成型后，再结合实际情况考虑将主机和网络设备的身份和访问管理纳入其中。以下是一些领先的关于本地管理的实践总结。

1. 主机设备

金融企业可以从操作系统和数据库两个层面对主机的身份管理、访问管理和权限管理进行控制。

（1）身份管理

身份管理的核心是对主机运维账号的集中存放和管理，为管理员提供账号建立、修改和删除等操作的平台。金融企业可以同时配合以下策略，实现对主机运维账号的安全管理：

- ❏ 制定安全策略规范操作系统以及数据库账号及权限的申请、审批、变更、撤销流程。
- ❏ 禁止多个用户共享账号，单人在一台设备上只有一个账号，并制定用户登录错误锁定、会话超时退出等安全策略。
- ❏ 严格限定默认账号的访问权限，重命名系统默认账号，修改账号的初始密码，及时删除不用的、过期的账号。

（2）访问和权限管理

访问和权限管理的核心是基于角色的、对可访问主机资源的控制，金融企业可以进一步明确以下管理策略，实现对主机运维账号认证和权限的安全管理：

- ❏ 使用安全的密码策略，制定密码长度、复杂度及生存周期等规则。
- ❏ 针对安全级别为三级或四级的应用系统所对应的主机操作系统和数据库，至少采用双因素认证的方法实现对用户身份的鉴别。
- ❏ 根据管理用户的角色分配权限，实现管理用户的权限分离，仅授予管理用户所需的最小权限，操作系统特权用户不得同时作为数据库管理员。
- ❏ 操作系统管理员应该使用普通用户名登录后再通过"su—root"命令取得root权限。
- ❏ 限制只有操作系统管理员可以使用"su"命令。
- ❏ root权限只能在本地登录，限制从远程使用root权限登录。
- ❏ 在充分评估对相关应用系统影响的基础上，开启登录失败一定次数后封锁操作系统或数据库账号的功能。

2. 网络设备

对网络设备运维账户,建议金融企业继续采用现有体系对网络运维用户进行统一身份管理,并在结合统一身份、访问和权限管理系统建设的情况下,将网络设备纳入企业统一管理的范围。

(1)身份管理

身份管理的核心是基于网络运维账号的集中存放和管理,为管理员提供账号建立、修改和删除等操作的平台。金融企业可以同时配合以下策略,实现对网络设备运维账号的安全管理:

❑ 针对核心网络设备,持续推进以本地或远程的方式进行网络设备的配置管理,以用户名/密码+Token 的方式进行双因素身份认证,并定期维护和检查核心交换机的 ACL。

❑ 在有完善安全防范措施的情况下,仅允许多个用户共享只读账号。

❑ 制定登录错误锁定、会话超时退出等安全策略。

(2)访问和权限管理

访问和权限管理的核心是基于角色的、对可访问网络设备资源的控制,金融企业可以进一步明确以下管理策略,实现对网络设备运维账号认证和权限的安全管理:

❑ 采用 HTTPS、SSH 等安全的远程管理手段,而不是采用不安全的 HTTP、Telnet 方式进行远程管理。

❑ 进行远程系统管理维护应当采取加密、散列等措施对经网络传输的认证信息进行处理,禁止以明文形式传送敏感信息。

❑ 限制管理员权限使用,在日常操作中,应当使用一般权限用户,仅在必要时才可切换至管理员账号进行操作。

3. 审计要求

金融企业可以实现集中、灵活、高效的安全审计功能,对各主机和网络设备资源的访问生成相关日志记录,以便及时发现未授权资源访问、权限滥用、入侵企图等行为,能够将操作、事件、用户、时间等审计要素对应起来,防止抵赖,对用户行为实现细粒度审计,并根据权限级别分别进行呈现。

审计的内容至少包括以下 3 种。

- ❏ **系统审计**:对统一身份和访问管理系统的管理员的日常操作进行审计,如管理员的账号管理操作、授权管理操作等。
- ❏ **登录审计**:针对所有统一身份和访问管理系统的用户(包括管理员),审计内容包括什么人用什么账号登录、什么时间登录什么系统、什么时间退出等。
- ❏ **行为审计**:针对统一身份和访问管理系统的用户,审计内容包括用户使用关联账号登录设备后执行了何种操作或命令。

通过集中统一的日志审计系统生成的访问日志,金融企业可以定期检查用户对主机和网络资源的访问,实现对账号的有效监督和审核,从而及时发现存在的安全事件和安全隐患,以便及时做出响应。

6.4 网络边界安全体系

6.4.1 概述

网络边界安全是金融企业信息安全的基础,是数据安全、应用安全、主机安全的重要保障。合理的网络边界安全策略能够抵御安全威胁,为业务系统和管理系统创造安全的网络环境。

1. 网络边界安全现状

金融企业目前广泛使用防火墙产品进行网络区域之间的安全隔离和访问控制,如办公网与业务网、办公网与互联网、业务网与互联网(网银)、第三方网络与业务网之间均采用双层异构防火墙进行隔离控制,大部分金融企业会在网络区域之间设置 DMZ 隔离可信区域和不可信区域。

金融企业普遍会在互联网的访问区、第三方合作机构访问区、网银访问区和办公网/业务网间隔区部署基于网络的入侵检测，并采用不同厂商、基于不同技术的产品，在部分核心交换机上部署 IDS 模块。

金融企业对于无线局域网的使用，普遍会制定严格的管理办法，用户接入无线办公网络一般会采用与办公网络 Windows 域用户管理系统集成的 AD 进行用户身份验证，用户身份验证过程中对用户名与密码传输进行加密，密码强度在 WPA 以上。

2. 业务需求

随着大量商业化和自动化的黑客工具的出现，金融企业信息系统会面临程度不同的入侵和攻击威胁；此外，随着金融企业业务的不断发展，分支机构的数量也将越来越多。为了确保金融企业以客户为核心的信息系统安全持续运作，必须强化对网络边界的控制，包括跨不同级别网络安全域的边界控制、总机构与分支机构之间的网络边界控制以及与合作机构网络之间的边界控制。

金融企业网络边界安全体系可以立足金融企业当前边界防护现状，结合网络安全域的划分，明确不同网络边界之间的防护策略，在严格的访问控制与使用便利性之间找到最佳平衡点，通过有效访问控制保护金融企业信息资产的安全。

6.4.2 网络边界防护目标

网络边界安全体系的目标（见图 6-5）是通过访问控制使内部不受来自外部的攻击，同时防止内部人员跨越边界对外实施攻击，或外部人员通过开放接口、隐通道进入内部网络。网络边界防护体系可以采用访问控制、入侵检测、内容过滤和隐性边界防护等防护措施，对下列网络边界进行有效保护。

❑ **网络安全域之间的边界**：金融企业可以立足边界保护的现状，在网络安全域之间采用相应的访问控制和入侵检测措施，阻止不符合安全标准规定的信息进入网络，并配合内容过滤以及非法外联控制等措施，全面防护金融企业网络边界的安全。

❑ **总、分支机构之间的边界**：因为金融企业分支机构的数量将不断增长，各分支机构的信息安全管理水平和信息安全风险控制能力各不相同，为有效隔离金融企业总、分支机构安全事件，降低安全事件对信息系统的影响，全面保障业务的稳定运行，金融企业可以在各总、分支机构之间实行边界防护。

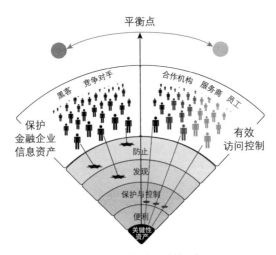

图 6-5 网络边界防护目标

6.4.3 边界防护措施

1. 访问控制

金融企业可以通过 VLAN 配合 ACL（访问控制列表）、防火墙配合 ACL 等措施，实现对各网络边界进出信息流的控制，从而保障金融企业网络内部的安全。金融企业可以结合网络安全域的划分，明确访问控制原则，并确定安全域边界及总、分支机构之间的访问控制措施。以下是我们总结的一些与访问控制相关的实践原则和策略。

（1）访问控制原则

- 对与外部网络有交互的网络安全域边界，如在第三方区域、Internet 区域与网银区之间采用防火墙，并配置 ACL 进行边界访问控制，基于信息分析生成信息流矩阵，再根据信息流矩阵细化访问控制策略；设置 DMZ 区域实现对外部网络访问内网区域的访问控制。

- 对同一网络逻辑功能区内的不同网络安全域，如前端业务一区与前端业务二区、核心业务区与信用卡核心区，采用 VLAN 配合 ACL 的形式进行隔离。

- 不同网络逻辑功能区之间，通过访问控制措施进行相应的隔离，分离不同的服务器流量，提高单个网络逻辑功能区的安全性。

- 总、分支机构之间，根据分支机构网络风险和管理水平的评估结果确定是否可以实施隔离。

金融企业对网络安全域边界和总、分支机构网络边界的访问控制，可以根据业务需求，参考上述原则，针对不同网络安全域之间，以及总、分支机构之间的信息传输，制定相应的措施，以保证交换信息的安全。

（2）访问控制策略

金融企业对于不同网络安全域之间，以及总、分支机构之间的网络边界，可以重点考虑如下访问控制策略：

- 应当确定需访问应用系统的客户端地址范围，制定访问应用系统的相关规则。
- 应在边界网络上限制网络最大流量。
- 域间数据访问发生访问控制策略冲突时,应当采用技术工具及时分析处理相应的日志信息。
- 监控和统计防火墙的工作情况,包括对负载、安全事件、报警等情况进行统一汇总分析,形成常规安全情况报告,并建立防火墙规则定期检查的机制。
- 对于防火墙本身,可以定期检查其访问控制列表,删除冗余或者矛盾的策略,保证系统快速平稳运行,同时增强边界防火墙的有效性。

2. 入侵检测

目前金融企业已经在相应的网络区域部署了入侵检测设备,通过对行为、安全日志、审计数据或其他网络上可以获得的信息进行分析,检测闯入或企图闯入网络内部的行为,实时识别内部和外部攻击者对信息系统的非授权使用和破坏。金融企业可以在明确入侵检测的原则和策略的基础上,持续优化入侵检测设备的部署,全面保障金融企业网络的运行安全。

(1)入侵检测原则
- 对于第三方区域和网银区,部署旁路入侵检测设备,以检测入侵企图,防止恶意信息的传输,防止对网络发动攻击。
- 对于高风险区域,如 Internet 接入区,考虑采用串路方式部署的入侵检测设备,针对检测结果识别入侵行为,并进一步采取主动防御措施。
- 在内部网络中的各低风险网络区域(如核心业务区)部署旁路入侵检测设备。

根据上述入侵检测原则,金融企业可以在所有网络区域均部署入侵检测设备,以全面保障网络运行的安全。

（2）入侵检测策略

金融企业同时可以参考以下网络入侵检测防护策略，持续优化对网络边界的保护。

- ❏ 当检测到攻击行为时，入侵检测系统记录攻击源IP、攻击类型、攻击目的、攻击时间，在发生严重入侵事件时应能提供即时的报警信息。
- ❏ 应当定期分析处理入侵检测日志，并结合安全事件关联分析，从安全事件中分析入侵意图及安全趋势。

3. 内容过滤

金融企业可以结合安全过滤网关、入侵检测设备等对跨越边界传输的信息进行内容过滤，包括对网络病毒、恶意代码进行检测和清除，以及维护代码库和检测系统的及时升级或更新。内容过滤应当实现对应用层中HTTP、FTP、TELNET、SMTP、POP3等常见协议进行命令级控制，并定期对访问信息进行日志记录分析。

建议金融企业在以下几个方面实现内容过滤：

- ❏ 对于与外部网络有交互的网络安全域边界，建议实施内容过滤，对网络不良信息进行过滤，减少病毒对金融企业内部网络的侵害。
- ❏ 与敏感数据相关的区域，部署相应的内容过滤网关，如邮件系统内容过滤网关。

总、分支机构网络边界之间，出于网络性能的考虑，不建议进行内容过滤。

4. 隐性边界防护

隐性边界即非法外联造成的隐藏非公开网络接口。非法外联指内部工作站通过拨号、无线网络等方式绕过本地边界出口进行外部连接。非法外联可能导致边界防护失效，从而使恶意人员随意访问内部网络资源。金融企业应采用管理手段结合办公终端监管系统来防止内部工作站非法外联,并对其行为进行定位、阻断。

6.4.4 无线边界安全

无线局域网采用公共的电磁波作为载体,而电磁波能够穿越天花板、玻璃、楼层、墙等物理介质,因此在无线局域网接入点(AP)的服务区域中,包括非授权终端在内的任何一个无线终端都可以接收到电磁波信号。

为了阻止非授权用户访问无线局域网络,建议金融企业立足现有无线局域网的安全管理和安全控制现状,从无线终端控制和无线网络防护两个方面入手,全面实现对无线网络边界的安全控制。

1. 无线终端控制与管理

对无线终端的控制与管理建议如下。

- **终端接入控制**:建议在用户接入无线网络时采用 802.1x 进行准入控制,并通过 AD 域对用户进行认证。
- **终端统一管理**:结合桌面统一集中监控系统的建设,把无线终端的管控纳入统一集中终端管理的范畴。

2. 无线网络防护

对于无线网络防护的建议如下。

- **隐藏 SSID**:无线终端只有收到 SSID 或者手动设定与 AP 相同的 SSID 时才能连接到无线网络。通过禁止 SSID 广播,一般的漫游用户在无法找到 SSID 的情况下无法连接到无线网络,从而保障了无线网络的安全。
- **启用无线数据加密**:结合 Windows XP SP3 的普及,推荐使用 WPA2 对无线终端用户的身份进行认证,并对无线传输的数据进行加密。
- **SNMP 安全设置**:禁用或对 SNMP 服务进行安全设置,使用 SNMP 进行管理时应更改默认的 community 字段。

6.4.5 合作机构边界安全

合作机构边界包括金融企业内网与政府及监管机构间，以及与合作企业间的网络边界。金融企业对与合作机构的边界安全防护，可以从边界防护和数据防护两个方面进行。

1. 边界防护

对于金融企业内网与合作机构的网络边界防护，建议采用 6.3.3 节中介绍的访问控制、入侵检测、内容过滤和隐性边界防护等措施，全面保障金融企业与合作机构网络边界的安全。

- ❑ 结合网络安全域的划分，在与合作机构连接的第三方连接区部署防火墙，并配置 ACL 进行边界访问控制，基于信息分析生成信息流矩阵，根据信息流矩阵细化访问控制策略。
- ❑ 在第三方连接区部署入侵检测设备，防止恶意信息向内网传输，防止对内网服务器发动应用层攻击。
- ❑ 在第三方连接区部署内容过滤工具，对跨越边界传输的信息进行内容过滤，包括对于网络病毒、恶意代码进行检测和清除，并实现对应用层常见协议进行命令级控制。
- ❑ 对第三方连接区进行隐性边界防护，禁止内网工作站通过拨号连接等方式绕过边界出口进行外部连接。
- ❑ 对于与合作机构之间的网络接口，根据双方之间的通信类型严格制定访问控制策略，并针对主流通信方式建立第三方通信安全标准。
- ❑ 采用运营商网络专线实现网络互联；对于不方便使用运营商专线的情况，采用 VPN 接入方式构建与合作机构的可信加密通道。
- ❑ 构建 DMZ 区域，将提供业务服务的前置应用服务器放置在 DMZ 区域。

2. 数据防护

建议金融企业根据数字证书加密、加密机加密、加密控件开发等主动防御措施对与合作机构之间传输的数据进行加密，保障与合作机构传输数据的机密性和完整性，从而全面提升与合作机构的网络边界安全。

6.5 小结

网络信息安全是一个复杂且涉及很多领域的课题，不仅包括安全技术，还包括安全组织、人员、流程、制度和控制策略等一系列问题，本章从技术和应用两个维度详细阐述了与网络安全相关的知识。但要做到真正的网络安全，还需要从多个维度来构建网络安全的总体架构，只有这样才能构建起全面的网络安全架构。

第7章 CHAPTER 7
移动安全

本章将展开讨论的主要问题如下：
- 当前企业移动安全的基本需求是什么？
- 需要制定什么样的移动安全策略来支持移动安全落地？
- 基于云的身份与访问管理如何实现？
- 生物特征技术如何助力身份识别？
- 移动应用开发中的代码规范和代码审核如何实现？
- 针对移动应用的容器化有哪些安全机制？
- 移动数据安全管理主要的关注点有哪些？

7.1 概述

智能终端的普及率越来越高，移动设备管理（MDM）与移动应用管理（MAM）随之得到了越来越多企业的关注。

在深入介绍这两种技术之前，我们首先需要探讨为什么要关注移动安全。随着基于开放操作平台的强大"智能"设备数量的激增，企业安全管理的需求也越来越迫切。移动设备数量持续增长，加之相关平台创造了强大且多样化的计算环境，导致攻击个人的、隐私的、敏感的信息的渠道越来越多。因此，我们急需相应的网络安全防范措施。然而，在访问公司网络的移动设备中，私人设备所占比例较大，这使得安全管理难度加大。

其次，我们还需要关注驱动移动安全发展的因素有哪些。从业界实践来看，有多重因素驱动着移动安全的发展，其中包括移动安全设备上的应用的增长、移动安全整体战略缺乏、企业对移动设备上的敏感信息控制能力不足，这些因素导致越来越多的非法攻击行为的出现。

2018年某机构发布的用户调查报告显示，34%的移动设备用户没有进行任何安全评估。因此，企业需要实施定制化的安全管理措施，例如合规检查、制定安全策略、远程清除敏感或隐私数据。

另外，移动设备的丢失容易造成用户登录凭证被不法分子盗用。因此，对于公司的敏感数据，需要考虑在移动设备上使用时进行合规检查。

随着用户对新的移动设备、App 和计算机技术的广泛使用，企业需要从新的视角对移动设备进行全面的安全加固。人们在工作中对智能手机和手持设备的依赖越来越多，而其中有约 75% 的移动应用都不能通过基本的安全测试，其根本原因是移动应用的错误配置。这就是企业需要重点关注的方向。

7.2 移动安全的基本需求与应对策略

7.2.1 移动安全的基本需求

为了全面梳理移动安全的基本需求，首先需要对移动安全的风险进行较为全面的梳理。结合一些业界实践，我们总结出了一些主要风险。

- ❑ 不安全和不必要的数据存储和数据迁移。
- ❑ 应用权限超出要求或者授权范围。
- ❑ 使用（或者没有禁止）不安全的移动设备或平台功能。
- ❑ 在访问资源时没有进行相关的安全认证。
- ❑ 存在恶意的第三方代码。
- ❑ 在不安全或者没必要的应用与操作系统之间进行交互。
- ❑ 服务器接受了移动设备未授权或未认证的服务请求。
- ❑ 个人或者公司数据泄露。
- ❑ 移动设备遭受注入或者溢出攻击。
- ❑ 移动设备遭受 DoS（拒绝服务）攻击。

金融企业在移动安全方面面临着以下挑战：
- 没有企业级移动安全策略。
- 对设备、数据和系统的访问和使用不当，且缺乏监管能力。
- 开发安全管理缺失，或者移动应用开发安全管理缺失。
- 移动应用或者后端系统出现漏洞。
- 非法访问基础架构。
- 移动设备商对敏感数据的保护程度不够。
- 信息安全与用户体验存在矛盾。
- 用户数量不断增长。
- 无线网络呈现多样化趋势。
- 由消费者驱动安全策略。
- 设备遗失或者被盗。

从金融企业安全的视角看，金融企业在移动安全方面有如下基本需求。

- 移动安全程序应在客户输入敏感信息时提供即时加密功能，例如采用随机键位软键盘、防键盘窃听技术、计算MAC校验码等。
- 移动安全程序应能够对输入字符的合法性进行判别并过滤非法字符，防止注入等攻击。在一段时间内无任何操作的情况下，移动安全程序应自动断开连接，要想重新使用，必须重新连接。
- 通过移动安全程序发起的资金类交易报文，服务端应返回交易信息摘要并要求用户确认，还应使用适当的方法防止重放攻击。
- 移动安全程序应能够对手机号码、账户等进行有效验证。
- 移动安全程序应有安全且完善的交易过程验证体系。移动安全程序在开发初期，应对采用的框架和技术进行严格论证，避免逻辑错误和漏洞。
- 应对移动安全程序进行签名，标识移动安全程序的来源和发布者，保证客户所下载的移动安全程序来自可信机构。
- 移动安全程序在每次运行前，需动态联机进行完整性校验。移动安全程序在启动和更新时应进行真实性和完整性校验，防范移动安全程序被篡改或替换。
- 移动安全程序应配合服务端采取有效措施，对登录请求、服务请求以及数据库查询等较为消耗资源的行为的执行频率进行合理限制。
- 移动安全程序应配合服务端提供密码复杂度校验功能，保证用户设置的密码达到一定的强度。
- 移动安全密码框应禁止明文显示密码，可用相同位数的同一特殊字符（例如 * 或 •）代替。移动安全程序应配合服务端提供完善的登录认证机制。
- 移动安全程序应能够有效屏蔽系统技术错误信息，不将系统产生的错误信息直接反馈给客户。
- 移动安全程序签名数据中应包含六位以上随机数，随机数应至少包含数字、大小写字母。
- 移动安全程序的临时文件中不应出现敏感信息，临时文件包括但不限于 Cookies、本地临时文件和移动数据库文件等。为防止敏感信息的泄露，移动安全程序应禁止在身份认证结束后存储敏感信息。移动安全程序应严格控制对程序运行内存的使用，防止内存中出现可被直接读取的敏感信息。
- 通过移动安全程序发起的资金类交易报文，应确保交易报文的真实性和不可抵赖性。对银行应用、移动银行应用、网页版网银等采用数字签名技术；对短信银行等暂无条件进行数字签名的，应限制交易的金额和次数，并采取其他方式降低风险。
- 系统应能够识别系统管理数据、鉴别信息和重要业务数据，并对其进行加密存储。
- 移动安全程序不应访问终端中非业务必需的文件和数据。移动安全程序不应以任何形式在本地持久化存储用户的磁道信息、PIN、有效期、卡片验证码等敏感数据。
- 移动安全程序应具有明确的应用标识符和版本序号，并设计合理的更新接口，当某一版本被证明存在安全隐患时，提示并强制要求用户更新移动安全程序。移动安全程序的每次更新、升级，都必须经过严格归档和审计，以保证移动安全程序不存在隐藏的非法功能和后门。

7.2.2 移动安全策略

移动安全与传统 IT 安全类似，都需要做出很多决策，例如：从企业的视角看，需要提供什么样的服务？如何为用户提供支持？如何管理风险？要解答这些问题，就需要有一个好的安全策略，这对于保障移动安全是至关重要的。

移动安全战略通常涉及 6 个主要方面：治理、用户与身份管理、应用、数据、网络和设备。

1）**治理**。从移动安全治理的视角看，需要解决的问题包括：需要制定什么样的策略去驱动移动技术的使用？企业需要提供何种设备，或者不需要提供何种设备？如何监控企业提供的设备的使用过程及使用程度？哪些设备（技术）是不允许用户使用的？

2）**用户与身份管理**。对于用户与身份管理部分，我们需要聚焦在这些问题上：不同设备（技术）分别需要面对什么样的用户和用户组？这些设备都需要访问什么资源？如何让用户获得所需的内容？

3）**应用**。要保障移动应用的安全，一般从如下两个角度切入。

❑ 开发：企业内的应用开发需要一整套的安全软件和开发生命周期服务（开发、安全代码审核、漏洞扫描等）。

❑ 部署：企业通过自己的应用商店来控制移动应用的部署。

4）**数据**。移动技术的应用会带来额外的数据风险，例如数据分类改变等。

5）**网络**。网络安全是移动安全方案里的关键部分。随着新的移动设备的不断引入，原来的基础架构不能完全满足安全需求，其中如何保障远程访问安全也是一个亟须解决的问题，另外还需要建立新的监控环境、网络安全标准、应用使用模式。

6）**设备**。对于移动设备安全部分，我们需要关注的问题是：移动设备是否是可管理的？设备支持什么样的平台？确保这些设备安全的方法有哪些？如何应对设备丢失的情况？

7.2.3 企业的安全管理和运营能力

为确保移动安全措施顺利落地，金融企业必须具备一定的安全管理和运营能力。从管理和运营的视角来看，要关注如下几点。

1）**战略**。形成与企业整体安全相协同的移动安全战略，关注1到3年内的具体安全举措。

2）**集成**。集成架构设计、安装部署、安全配置方案、开发配置手册、操作手册和运维流程等重点内容。

3）**治理**。为确保移动程序安全运行，确保可合规管理移动程序，有效应对突发事件，企业应提供相关政策、流程、框架和培训。

4）**移动安全运营**。为确保系统和数据的安全，确保移动安全作业实践的合规，并能够与业界顺利对标，应不断进行作业流程、规则和系统的调优。

5）**移动安全服务**。通过提供移动安全服务来提升整体安全性能或者提高紧缺技能水平。后面我们将重点从移动安全治理的视角对此做进一步阐述。

7.3 移动安全治理的核心要素及实施流程

治理是保证移动安全方案实施、运行和管理获得成功的关键。在移动安全治理领域，我们需要抓住3个核心要素：组织、流程和安全意识。

从治理策略上来讲，需要制定合适的移动安全组织架构，并针对重大问题组建决策层小组或者委员会。通过这两个核心举措，不但可以确保在移动安全方面有正确领导，还可以确保企业内部在移动安全方面组织和流程的协同度足够高。

还要制定用户能够访问移动网络的流程，并对其进行管理和控制，防止下载未经同意的软件，确保企业建立起有效的移动安全管理流程，确保企业不违反相关法律法规。

所谓安全意识，主要是指积极采用优质的安全产品、安全实践或遵循安全专业人士指导的意识，这可以指导企业进行相关选择或采购。

另外，在企业内外针对移动安全进行沟通并提供相关培训，以此来满足企业安全需求，从而争取业务部门的认同和项目部门的支持，这对于移动安全治理来说也是非常重要的。在实践中，我们可以使用 TVM（威胁 & 漏洞管理）对企业进行移动安全治理。金融企业可以通过制定计划并明确安全流程和任务来主动应对安全威胁。我们在实践中总结了以下移动安全实施流程，其中涵盖非技术型任务和技术型任务。

1. 非技术型任务

非技术型任务流程：制定或重新修订现有的 IT 政策，以此来支持或者禁止对特定的移动设备的使用；提供成本-效益分析；制定企业级安全策略，以管理、集成、保护移动设备；制定设备配置手册和用户手册；提升安全意识，提供相关培训。

2. 技术型任务

技术型任务流程包括：开发相关 IT 系统和网络来支持移动服务和应用；进行风险评估以确定安全漏洞及其对移动平台的影响；进行移动和无线网络的渗透测试和风险分析；支持移动基础架构的认证；支持通过移动设备和网络设备进行取证；审核移动应用的安全源代码，安全集成移动设备；对移动安全架构进行设计、开发和系统集成；集成移动和无线网络的安全方案。

以上流程和活动能够确保我们有效进行威胁和漏洞分析，洞悉所有可能窃取数据和破坏网络的途径，更主动地采取措施确保移动设备和企业环境的安全。

7.4 身份与访问管理的原则与认证

身份与访问管理是移动安全领域里最有效的管理手段。例如，非法用户可能通过在移动设备中嵌入嗅探短消息的恶意软件或采用非法认证的方式来窃取敏感信息，我们可以使用身份与访问管理来有效防御此类攻击。

下面我们来分析一个典型场景——攻击者通过恶意软件窃取用户的账户信息。恶意软件通过多种社交形式侵入用户的设备和应用，例如，通过短消息里的链接跳转到一个固定网站，以此来感染移动设备；针对一些移动应用，更是会进行所谓的软件更新和升级操作，绝大部分用户都不会意识到这类操作中藏有风险；还有一种方式是对用户设备里的联系人和日程安排进行操作，在移动设备里新增和修改联系人，使得通信更具有欺骗性。一般来说，攻击者会强制用户使用恶意软件，以此来达到感染用户移动设备的目的；或者攻击者利用窃取的认证信息进行登录，通过将用户电脑作为套接口和代理，执行特定的短消息验证操作。在日常生活中，有些验证信息附在短消息中被发送到用户的移动设备上，通过移动设备中的恶意软件分发短消息，以便能传送到攻击者可以控制的终端。最后，攻击者输入认证代码完成登录。

为有效防止类似攻击和安全漏洞，金融企业需体系化制定管理与技术集成的移动安全方案，以有效应对操作移动设备过程中涉及的身份管理、身份溯源、身份集成和访问管理，从而规避类似攻击。下面将对身份与访问管理进行详细介绍。

7.4.1 身份与访问管理的原则

在身份与访问管理中的安全认证环节，企业网银客户端与服务器应使用安全的协议和强大的加密算法进行安全、可靠的双向身份认证，而个人网银客户端与服务器最好也进行双向身份认证。双向身份认证是指不仅客户端要对服务器的身份进行认证，服务器也要认证客户身份；整个通信过程中，经过认证的通信线路应一直保持安全连接状态。银行端 Web 服务器应使用权威机构颁发的数字证书来证明其真实性。

应确保客户获取的金融机构 Web 服务器的根证书真实有效，可采用的方法包括但不限于：在客户开通网上银行时分发根证书，或将根证书集成在客户端控件下载包中。金融机构应使用获得国家主管部门认可的 CA 证书及认证服务。客户端支付软件和本地其他实体（指除支付软件之外的其他软硬件）间的数据通信应采用安全的方式，以确保通信数据不被监听或篡改。

7.4.2 基于云的身份与访问管理中的 6 个认证方式

基于云的身份与访问管理方案，通常由一个或者多个服务提供商提供管理、交付等服务，具有云计算服务的绝大部分特征。

身份与访问管理方案对于云服务的使用，通常采取两种方式——按需使用或订阅。因此，基于云的身份与访问管理方案，较适合小型企业或者大公司内部的某个部门。这类方案一般在认证管理上有以下几种方式。

1. 硬件认证方式

常见的硬件认证方式是以硬件 Key 作为认证手段，涉及的硬件 Key 包含目前市场上已有的 USB Key、蓝牙 Key、音频 Key、SD Key 等，也包括将来可能出现的其他基于硬件的 Key 产品。

上述硬件 Key 通常需要满足以下基本安全要求和标准：

- 金融机构应使用具备相关能力的第三方测评机构安全检测硬件 Key；
- 应采取有效措施防范硬件 Key 被远程挟持，例如通过可靠的第二通信渠道要求客户确认交易信息等；
- 应在安全环境下完成硬件 Key 的个人化过程；
- 硬件 Key 应采用具有密钥生成和数字签名运算能力的智能卡芯片，以保证敏感操作在硬件 Key 内安全执行；
- 硬件 Key 的主文件应受到 COS 安全机制保护，以保证客户无法对其进行删除和重建；
- 应保证私钥在生成、存储和使用等阶段的安全性，私钥应在硬件 Key 内部生成，不得固化密钥对和用于生成密钥对的素数；
- 应保证私钥的唯一性；
- 禁止以任何形式从硬件 Key 读取或写入私钥；
- 私钥文件应与普通文件类型不同，应与密钥文件类型相同或类似；
- 硬件 Key 每次执行签名等敏感操作前均应经过客户身份鉴别；
- 硬件 Key 在执行签名等敏感操作时，应具备操作提示功能，包括但不限于声音、指示灯、屏幕显示等形式；
- 参与密钥、PIN 码运算的随机数应在硬件 Key 内生成，其随机性指标应符合国际通用标准的要求；
- 密钥文件在启用期应封闭；
- 签名交易完成后，状态机应立即复位；
- PIN 码应具有复杂度要求；
- 采用安全的方式存储和访问 PIN 码、密钥等敏感信息；
- PIN 码和密钥（除公钥外）不能以任何形式输出；
- 经客户端输入进行验证的 PIN 码应加密传输到硬件 Key，并保证在传输过程中能够防范重放攻击；
- PIN 码连续输错次数达到上限（10 次），硬件 Key 应锁定；
- 同一型号的硬件 Key 在不同银行的网上银行系统中使用时，应使用不同的根密钥，且主控密钥、维护密钥、传输密钥等对称算法密钥应使用根密钥进行分散；
- 硬件 Key 使用的密码算法应经过国家主管部门认定；
- 应设计安全机制保证硬件 Key 驱动的安全，防范被篡改或替换；
- 对硬件 Key 固件进行的任何改动，都必须经过归档和审计，以保证硬件 Key 中不含隐藏的非法功能和后门指令。

另外，针对某些业务场景和监管要求，安全要求应更严格。
- 硬件 Key 应能够防远程挟持；
- 应有屏幕显示或语音提示以及按键确认等功能；
- 可对交易指令的完整性进行校验，可对交易指令合法性进行鉴别，以及对关键交易数据进行输入、确认和保护；
- 硬件 Key 应能够自动识别待签名数据的格式，识别后在屏幕上显示或语音提示交易数据，以保证屏幕显示或语音提示的内容与硬件 Key 签名的数据一致；
- 应采取有效措施防止签名数据在客户最终确认前被替换；
- 未经按键确认，硬件 Key 不得签名和输出，在等待一段时间后，可自动清除数据，并复位状态；
- 硬件 Key 应能够自动识别其是否与客户端连接，应具备在规定的时间内与客户端连接而客户未进行任何操作时给予语音提示、屏幕显示提醒等功能；
- 硬件 Key 在连接到终端设备一段时间内无任何操作，应自动关闭，必须重新连接才能继续使用，以防范远程挟持；
- 硬件 Key 加密芯片应具备抗旁路攻击的能力，例如抗 SPA/DPA 攻击能力和抗 SEMA/DEMA 攻击能力；
- 在外部环境发生变化时，硬件 Key 不应泄露敏感信息或造成安全风险。

2. 数字化认证方式

数字化认证又称文件证书认证，这种认证方式在使用文件证书或者数字化证书的时候，需满足如下要求：
- 应严格控制申请、颁发和更新流程；
- 避免对个人网银客户的同一业务颁发多个有效证书；
- 用于签名的公私钥对由客户端生成，禁止由服务器生成；
- 私钥只允许在客户端使用和保存；
- 应保证私钥的唯一性；
- 应强制使用密码保护私钥，防止私钥在未授权的情况下被访问；
- 应支持私钥不可导出功能；
- 私钥导出时，客户端应对客户进行身份认证，例如验证访问密码等；
- 备份私钥时，应提示或强制将备份放在移动设备内，且备份的私钥应加密保存；
- 文件证书的发放宜使用离线或 VPN 专线方式，确需通过公共网络发放时，应提供一次性链接下载，且传输过程中的私钥证书是加密的。

在某些特定的场景和监管要求下，需要实施增强的方案来满足这些需求，例如在备份或恢复私钥成功后，金融机构应通过可靠的第二通信渠道向客户发送提示消息。针对移动终端用户，文件证书应与移动终端的 IMEI、IMSI、MEID、ESN 等唯一标识移动终端的信息绑定，防范证书被非法复制到其他移动终端上使用。文件证书应与计算机主机信息绑定，防范证书被非法复制到其他机器上使用。应采用验证码对关键操作（例如签名）进行保护，防范穷举攻击。

3. 动态密码认证方式

动态密码认证分为 OTP 令牌认证和动态密码卡认证。

首先我们来分析 OTP 令牌认证。OTP 令牌应优先选用符合 GM/T 0021—2012《动态口令密码应用技术规范》的产品。对 OTP 的基本要求是：

- 金融机构应使用具备能力的第三方测评机构安全检测通过的 OTP 令牌设备及后台支持系统，应采取有效措施防范 OTP 令牌被中间人攻击，例如通过可靠的第二通信渠道要求客户确认交易信息等；
- 应采取有效措施保障种子密钥在整个生命周期的安全；
- 密码生成算法应经过国家主管部门认定；
- 动态密码不应少于 6 位；
- 应防范通过物理攻击获取设备内的敏感信息，物理攻击包括但不限于开盖、搭线、复制等；
- 对于基于时间机制的 OTP 令牌，为了实现时间同步，应在服务器端设置认证 OTP 密码的时间窗口，认证服务器可以接受的 OTP 密码时间窗口越小，密码被误用的风险越小，故应设置此时间窗口最大不超过密码的理论生存期前后60秒（理论生存期是指在令牌和服务器时间严格一致的情况下，令牌上出现密码的时间），结合应用实践，应设置尽可能小的理论生存期，以防范中间人攻击；

- 采用基于挑战应答的 OTP 令牌进行资金类交易时，挑战值应包含用户可识别的交易信息，例如转入账号、交易金额等，以防范中间人攻击；
- 使用 OTP 令牌时，登录和交易过程中口令应各不相同，且使用后立即失效。

针对特定的业务场景和监管要求，需额外设计增强方案，以确保 OTP 令牌设备使用 PIN 码保护等措施，确保只有授权客户才可以使用相关功能。PIN 码和种子秘钥应存储在 OTP 令牌设备的安全区域内或使用其他措施对其进行保护。PIN 码连续输入错误次数达到上限（5次），OTP 令牌应锁定。因 PIN 码输入错误次数达到上限导致 OTP 令牌锁定后，OTP 令牌系统应具备相应的自动或手动解锁机制。OTP 令牌设备应具备一定的抗跌落功能，防止意外跌落导致种子密钥丢失。

动态密码卡认证方式的基本要求是：
- 动态密码卡应与客户唯一绑定；
- 应使用涂层覆盖等方法保护密码；
- 服务器端应随机产生密码位置坐标；
- 动态密码不应少于6位；
- 动态密码卡应具有使用有效期，超过有效期应作废；
- 动态密码卡应具备有效使用次数；
- 动态密码连续输入错误达到5次，动态密码卡应锁定，锁定一段时间后自动解锁；连续自动解锁达一定次数，只能持有效身份证件到银行柜台重新换卡。

4. 短信验证码

对于短信验证码这种认证方式,一般需要满足:

- 开通短信验证码认证方式时,如通过柜台开通,应核验客户有效身份证件和银行卡密码;
- 如通过在线方式开通,应使用客户事先在柜台登记的手机号码作为开通短信验证码的有效手机号码;
- 更改手机号码时,应对客户的身份进行有效验证;
- 交易的关键信息应与短信验证码一起发送给客户,并提示客户确认;
- 短信验证码应随机产生,长度不应少于6位;
- 短信验证码应具有时效性,最长不超过1分钟,超过有效时间应立即作废;
- 应基于终端特性采取有效措施防范恶意程序窃取、分析、篡改短信验证码,以保障短信验证码的机密性和完整性,例如结合外部认证介质(如密码卡等)、问答等方式进行防范。

5. 图形验证码

对于图形验证码的基本要求是:

- 验证码应随机产生;
- 采取图片底纹干扰、颜色变换以及设置非连续性图片字体、旋转图片字体、变异字体等方式,防范通过恶意代码自动识别图片上的信息;
- 具有使用时间限制并仅能使用一次;
- 图形验证码应由服务器生成,客户端源文件中不应包含图形验证码文本内容。

6. 生物特征

金融机构在网上银行系统中使用生物特征技术进行身份确认

或识别（不包含账户开户环节），应遵循如下基本要求：
- 应充分评估所使用的生物特征技术的特点及存在的风险，按照 GB/T 27912—2011《金融服务 生物特征识别安全框架》等标准的要求建立完整的生物特征安全应用与管理体系；
- 应采取适当的措施阻止已知的伪造攻击手段，降低伪造身份通过确认或识别的可能；
- 应确定合理的生物特征数据采集、传输、处理、存储的方式，采取适当的措施避免生物特征数据或相关信息被非法泄露或非法使用；
- 当所使用的生物特征技术尚未经过大量验证时，应把生物特征技术作为安全增强手段，并与其他身份认证技术相结合，增强交易安全性；
- 采集的生物特征数据不得用于除业务外的其他用途；
- 应及时向行业主管部门报告使用生物特征技术的情况。

7.4.3 移动认证和多要素认证方案——Intercede

一般情况下，如果通过两要素或多要素确认访问者的身份，那就需要使用特定的确认要素，比如访问者知道的内容（密码）、访问者拥有的东西（密匙、智能卡或者其他物理设备）、访问者具有的生物特征（指纹、人脸）。

Intercede 作为身份与认证管理工具，能根据安全策略完成个人注册、身份验证，并检查人员身份，捕捉验证信息（指纹、人脸、文档等），并且在安全设备上发布认证。通过认证的对用户友好的智能管理方式（解锁、密码变更、信息更新、过期管理）所进行的身份与认证管理方式一般被称为全生命周期管理。Intercede 就可以用于全生命周期管理，包括对移动设备（TPM、SIM、MicroSD、NFC 等）进行认证。

Intercede 还可以向多个平台或设备（如智能卡、令牌、虚拟智能卡、证书等）颁发凭证和数据，使开发人员能够利用凭证增强安全性，例如实现强身份验证、VPN 或在应用程序中进行文档签名等。

7.5 移动应用安全

7.5.1 移动应用安全的策略

移动应用的身份鉴别策略包括：

- 禁止以明文的形式显示密码，应使用特殊字符（例如 * 和 #）代替；
- 应具有防范暴力破解静态密码的保护措施；
- 使用软键盘方式输入密码时，应采取对整体键盘布局进行随机干扰等方式，防范密码被窃取；
- 应保证密码的加密密钥的安全；
- 会话标识应随机并且唯一，会话过程中应维持认证状态，防止客户通过直接输入登录后的地址访问登录后的页面；
- 禁止在客户端缓存密码、密钥等敏感信息，例如，在包含上述信息的页面设置禁止缓存参数，防范未授权用户通过浏览器后退等方式获取敏感信息；
- 退出登录或客户端程序、关闭浏览器页面后，应立即终止会话，保证无法通过后退、直接输入访问地址等方式重新进入登录后的网上银行页面。

访问控制策略包括：

- 企业可支持客户选择使用管理员和操作员两类用户，管理员初始密码应在银行柜台设置，操作员由管理员设置，操作员权限应根据录入、复核、授权职责分离的原则设置；
- 应建立完善的交易验证机制，每次处理的客户信息均以服务

器端数据为准,当服务器端检测到客户提交的信息被篡改时,应当及时中断交易,并对客户请求指令的逻辑顺序进行合理控制;
- ❑ 每季度应检查并锁定或撤销应用系统及数据库中多余的、过期的用户及调试用户;
- ❑ 在安全审计上合理分配交易日志的管理权限,禁止修改日志,确保日志的机密性、完整性和可用性。

Web 应用安全策略包括:
- ❑ 需防范敏感信息泄露,在网上银行系统上线前,应删除 Web 目录下所有测试脚本、程序;
- ❑ 如果在生产服务器上保留部分与 Web 应用程序无关的文件,应为其创建单独的目录,使其与 Web 应用程序隔离,并对此目录进行严格的访问控制;
- ❑ 禁止在 Web 应用程序错误提示中包含详细信息,不向客户显示调试信息;
- ❑ 禁止在 Web 应用服务器端保存客户敏感信息;
- ❑ 应对网上银行系统 Web 服务器设置严格的目录访问权限,防止未授权访问;
- ❑ 统一目录访问出错的提示信息;
- ❑ 禁止浏览目录列表,以防止网上银行站点重要数据被未授权下载;
- ❑ 防范 SQL 注入攻击网上银行系统、Web 服务器、应用程序,应对客户提交的所有表单、参数进行有效的合法性判断和非法字符过滤,防止攻击者恶意构造 SQL 语句实施注入攻击;
- ❑ 禁止仅在客户端以脚本形式对客户的输入进行合法性判断和参数字符过滤;
- ❑ 数据库应尽量使用存储过程或参数化查询,并严格定义数据库用户的角色和权限。

7.5.2 移动应用安全生命周期

移动应用的安全生命周期分为 6 个关键的阶段（见图 7-1），包括风险列表和风险分类阶段、需求设计阶段、开发建设阶段、功能测试阶段、生产环境中的安全测试阶段、受控的安全服务阶段，涵盖人、流程与技术三大核心要素。

图 7-1 移动安全服务阶段

风险列表和风险分类阶段的安全工作重点在于，维护准确的风险分类和风险描述，分析汇总所有的移动应用，并依据应用功能、数据、品牌和网络链接的敏感性等内容对风险进行评级，然后基于风险分级进行相应水平的安全测试。

需求设计阶段的安全工作重点在于，在数字化业务应用需求设计的早期阶段，需要及时收集和分析移动安全需求。移动应用的安全一定不是在应用开发完成后，或者等应用已经出现安全事件后才考虑的，一定要在业务应用功能的需求收集阶段，同步展开移动安全的需求收集。

开发建设阶段需要进行安全测试，因为应用安全是功能测试的前置依赖环节。在业界领先的开发建设实践中，构建完成后的应用系统，只有通过了安全测试，确保没有高风险后，才能进入功能测试阶段。

功能测试阶段的安全测试是应用系统进入生产环境的前置依赖环节，在功能测试完成后就要进行安全测试，确保无高风险后才能进入生产环境。

生产环境中的安全工作重点在于，持续对生产环境的移动安全进行监控。在实践中，每年至少进行两次以上的业务应用系统的自动化安全风险扫描，在应用系统进行了大的版本发布后也要进行扫描。另外，每年至少一次对关键应用系统与业务流程进行手工穿刺测试，在应用系统重大版本发布后也要进行手工穿刺测试。

受控的安全服务阶段的安全工作重点在于，构建受控的覆盖移动安全生命周期的安全服务，特别是对移动风险的识别及突发事件处置提供标准化的安全服务。

7.5.3 移动应用的安全代码规范

安全代码主要用于抵御恶意攻击，防止用户的数据被盗或者损坏。通过大量的实践，我们总结出一些开发移动设备应用系统时会用到的基本安全代码规范。

- 在移动设备上识别和保护敏感数据。
- 对信息输入和输出进行验证。
- 设备的密码认证处理应足够规范，敏感信息的传输应受到保护。
- 要对应用对话管理中的用户进行认证和授权。
- 应保证后端 API（服务）和平台的安全，应与第三方服务和应用的安全数据进行集成。
- 用户和客户数据的收集、使用与存储应安全并合规。

❑ 对非法访问进行控制，对移动应用的分发及部署进行控制。
❑ 对运行中的各类代码错误进行增强解释。

这里并未对每种规范进行详细介绍，因为不同的企业、行业会有不同的要求，这里只是抛砖引玉。大家可参考以上各项规范，基于目标平台级移动操作系统的要求，在实践中总结并形成一套适合自己的安全代码开发规范，并遵循规范完成移动应用的代码编写。

7.5.4 移动应用安全代码审核

未认证和未审核的移动应用代码存在潜在的风险。因此，如果要实施企业安全的深度防范举措，所有应用必须进行独立的安全代码审核，以识别潜在的安全漏洞。代码审核一般需要以人工结合自动化的方式进行。

代码审核依据审核的层次和深度，可以分为重点检查、按代码逻辑检查和全面检查这三种类型。

首先是重点检查。对于如何选取要重点检查的代码，按照我们的实践，可以依据客户对源代码有质疑的部分或者自动化扫描工具的结果，来选择相应的目标代码进行重点检查。大部分代码采取自动化以及逆行检查的方式，只有小部分代码是手工进行分析的。

其次是按代码的逻辑进行检查，即依据代码的业务或者软件架构的逻辑进行检查。需要以设计文档为依据，深刻理解应用的软件架构，并对代码中嵌入的注解进行分析，从而深层次分析潜在的安全错误。

最后是全面检查，即依据设计文档的软件架构，对所有代码进行检查，以求找出相关的安全逻辑错误。

为了准确地对移动网站和移动应用进行代码漏洞评估，梳理移动应用中的安全漏洞，一般还需要构建移动应用安全代码审核流程。该流程主要涵盖几个关键步骤。

1）**制定审核计划**。在计划中需要先确认审核的目标和需求，这时可以参考源代码、设计文档、架构文档、安全策略等。在特定情况下，还需要参考二进制代码，制定需要审核的应用清单和安全审核计划，定义审核的范围，做好相关的设置和环境准备。

2）**进行应用的扫描活动**。这时可以借助一些静态分析工具，例如 COST 工具，在必要的情况下可以手工撰写一些脚本和定制一些工具。当配置好这些代码分析工具后，就可以进行扫描工作了，之后还要审核代码扫描结果。最后确认代码安全漏洞，并消除误检漏洞，根据情况，有时候也需要配置二进制代码的分析工具。

3）**专家分析**。专家基于手工分析结果对选定的代码进行审核。为验证新的发现和结论，还有可能对目标代码再次进行扫描。

4）**总结并撰写报告**。此时总结应用安全的漏洞和相关的风险，并提出相关工作的优先级，制定消除安全漏洞的解决方案。

7.5.5 移动应用的容器化安全

移动应用的容器化安全可以分为两大类：一类是应用层的容器化安全，另一类是设备层的容器化安全。

首先看应用层的容器化安全。此时需要重点关注用户安装容器应用时的安全，应用以"推"或者"拉"的方式安装到容器中，并且运行在设备的容器空间中。另外，在应用运行阶段，数据保存在压缩过的容器应用中，并且不能被容器外的应用访问。需要确保独立的应用被包装在独立的安全容器中，数据置于加密过的容器中且不能被外部其他应用直接访问。另外，可以通过 SDKs 注入业务应用来加强安全控制，绝大部分移动设备管理供应商的平台都有类似的能力。

其次看设备层的容器化安全。这需要形成多个加密容器，把企业、个人的数据和应用分开，并与原生的安卓平台集成（例如 Samsung Knox），以确保用户能在个人容器与工作容器之间进行切换。其中，工作容器包含浏览器、邮件、日程安排工具、存储设备应用和移动设备应用等，这些工作容器可以确保邮件附件不能被容器外的应用访问，并能够保障移动设备管理工具能够对容器进行管理，例如进行部署认证、数据安全应对、管理 VPN、管理邮件、管理应用等。

7.6 移动数据安全

首先，从数据完整性方面考虑，若系统管理数据、鉴别信息和重要业务数据的完整性在存储过程中被破坏，则应能被检测到，并采取必要的恢复措施。应采取技术手段保障数据完整性，避免设备发生故障时数据丢失。

其次，从数据保密性方面考虑，应采用加密或其他保护措施，实现系统管理数据、鉴别信息和重要业务数据在存储时的保密性，应采用技术和管理手段避免物理磁盘失窃所带来的数据丢失风险。

最后，从数据备份和恢复的角度来看，应建立针对重要数据的定期备份机制，至少做到增量数据每天备份一次，完整数据每周备份一次，并将备份介质存放在安全区域内，数据保存期限参照国家相关规定设置；应提供本地数据备份与恢复机制，采取"实时备份与异步备份结合"或"增量备份与完全备份结合"的方式，增量数据每天备份一次，完全数据每周备份一次，备份介质场外存放，数据保存期限参照国家相关规定设置。

核心层、汇聚层的设备和重要的接入层设备均应双机热备。这些设备包括核心交换机、服务器群接入交换机、重要业务管理终端接入交换机、核心路由器、防火墙、均衡负载器、带宽管理器及其他相关重要设备。Web 服务器、中间件服务器、前置服务器、数据库服务器等关键数据处理系统均应采用双机热备或多机集群模式，并设置磁盘冗余阵列或分布式多副本存储技术，以避免单一部件故障影响设备运行。应提供冗余通信线路，遵照与主通信线路不同运营商和不同物理路径的原则选择冗余通信线路。应对关键数据进行同城和异地实时备份，保证业务应用能够及时切换。

1. 移动数据安全关注的内容

为保护移动设备上的数据，企业必须要理解安全领域中的关键内容。一般来说，在移动数据安全领域，我们会关注以下几个方面的内容。

- ❑ 客户数据的窃取。
- ❑ 移动应用被攻击。
- ❑ 恶意代码攻击。
- ❑ 设备被窃取或丢失。
- ❑ 在一个设备上同时使用 WiFi、移动网络和蓝牙等传输手段。
- ❑ 企业的安全意识缺失。

2. 移动内容管理

通常来说，为了有效且全方位地对移动数据安全涉及的各个领域进行协同管理，我们需要借助一些信息化工具来开展工作。移动内容管理系统提供了对移动设备上的企业内容（如文档资料、多媒体文件等）进行管理的工具。图 7-2 所示是一个常见的移动内容管理系统的逻辑架构图。

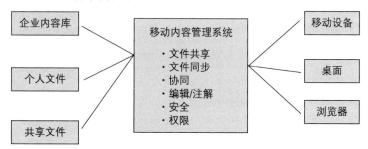

图 7-2　移动内容管理系统逻辑架构

移动内容管理系统通常是一个由多种技术组成的综合性系统。图 7-2 中间部分所示其实就是一个安全的文件存储区域和附带的安全共享机制。目前，云化方案实现了大部分文件存储功能，但云方案并不是必需的。移动内容管理系统不是关注设备或者应用，而是致力于通过认证、授权和访问控制等手段来管理安全文档内容。用户可以基于用户名、密码、IP 地址和移动设备认证等方式进行授权访问。企业通常采用多因素认证方式来控制用户对文件及文件库的访问，通过企业预制的文件安全策略控制用户对共享文件的读写访问。移动内容管理系统不仅需要控制共享文件库的访问，还需要记录下载信息，并且需要有从移动终端设备中删除相关信息的能力。例如，设备丢失或被窃取，或者员工离职，都需要删除移动设备上的相关敏感信息。对于用户而言，可以访问哪些共享文件库，以及对文件有哪些操作权限，移动内容管理系统都能够进行严格控制。同时，移动内容管理系统还能让用户自己的移动设备仅用于个人。

3. 邮件安全

邮件安全是移动数据安全的重要组成部分，可以在本地的邮件应用、第三方邮件应用或者移动内容管理系统内对邮件进行安全设置。通过移动内容管理服务器可以有策略、细粒度地管理邮件的具体内容以及用户对邮件内容的使用，如图 7-3 所示。

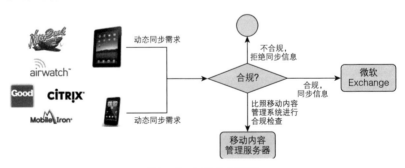

图 7-3　邮件安全管理

4. 企业应具备的数据保护能力

前面我们谈及移动数据安全的各个领域、管理工具和重点关注内容，在实践中，企业只有具备相应的能力，才能有效地在企业范围内开展移动数据安全管理工作。为此，我们总结了在实践中企业需要具备的数据保护方面的能力。

1）合规监控能力。该能力用于帮助制定、定义合规需求，并选择合规实施流程和技术平台。

2）数据治理能力。这需要企业形成数据保护的能力，并且能够完善并执行数据保护策略。不仅如此，企业还需要进行数据治理，主要通过建设合规管理组织来定义数据治理组织及其职责。

3）数据分类策略能力。这个能力主要是识别敏感数据，并且制定分类和敏感数据保护策略，以及定义信息的治理策略。

4）数据评估能力。此能力主要用于评估当前的数据安全策略，从而保障企业顺利完成具体的数据分析，确定数据保护提升的具体方向和路线，制定精确的数据保护方案，从而构建数据保护的技术平台。

7.7 移动网络安全

众所周知，通过设计优秀的网络和移动安全架构，可以使企业高效地获取移动化带来的效益。我们应合理部署网上银行系统的网络架构，在网络边界、所有互联网入口以及隔离区（DMZ）与内部网络之间部署防火墙或安排其他逻辑隔离措施，对非业务必需的网络数据进行过滤，对非本单位网上银行系统的网络流量进行过滤，控制粒度为端口级。应采用技术手段隐藏内部 IP，防止内部网络被非法访问。通过访问控制对网络域（包括物理和虚拟）进行划分，从而有效、细粒度地进行访问控制。对不同主机间的网络通信有效地进行访问控制，防止某些恶意软件或某些被攻破的虚拟机窃听其他应用通信信息。在网络设备的管理规范和安全策略上，将关键网络设备存放在安全区域，应使用相应的安全防护设备、准入控制手段以及有明确标志的安全隔离带进行保护。禁止将管理终端主机直接接入核心交换机、汇聚层交换机、服务器群交换机、网间互联边界接入交换机和其他专用交换机。应更改网络安全设备的初始密码和默认设置。指定专人负责防火墙、路由器和 IDS/IPS 的配置与管理，定期（不应超过 1 年）审核配置规则。在变更防火墙、路由器和 IDS/IPS 配置规则之前，确保更改已进行验证和审批。应对网络设备运行状况进行监控和检查，发现异常应及时告警和处理。在入侵防范的管理上，制定合理的 IDS/IPS 的安全配置策略，并指定专人定期进行安全事件分析和安全策略配置优化。另外对恶意代码需加强防范，应对网络流量进行安全分析，例如借助大数据分析系统分析可疑的网络攻击与入侵行为，以及僵尸网络、病毒和蠕虫的传播等。

一般来说，一个典型的网络安全架构包含 3 个层面的内容——移动技术平台、网络安全访问入口与网络访问控制管理，以及基础架构所需的各种网络安全管理服务，如图 7-4 所示。

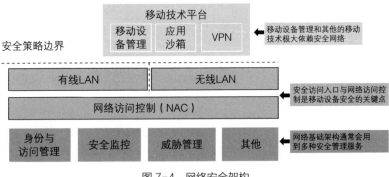

图 7-4　网络安全架构

在构建网络安全管理方案的时候，我们通常会面临一些挑战，比较典型的挑战是关于设备的安全性的。由于很多移动设备是员工自己持有的，如何对这类设备进行授权，往往比较难以权衡。另外数据泄露也是个大挑战，在移动设备上的数据很容易被窃取，在这种情形下，企业如何进行管理和防范是一个难点。

1. 移动网络安全的基本策略

对于移动网络安全而言，一般需要满足相关的标准和监管要求。通信协议上应使用强壮的加密算法和安全协议以保护客户端与服务器之间的所有连接，保障传输数据的机密性和完整性，例如使用 SSL/TLS、IPSec 和 WTLS 协议。应使用安全加密算法，并使用安全的密钥长度。网上银行系统每次交易会话应采取独立的、不同的密钥对业务数据进行加密处理，防止业务数据被窃取或者篡改。根据数据传输的安全要求，使用安全的算法组合，禁用不安全的算法组合，如可使用基于 MD5、DES-CBC 的算法组合。在特定的业务场景里应使用强壮的加密算法和安全协议保护网上银行支付网关与其他应用服务器之间的所有连接，保证传输数据的机密性和完整性。

2. 移动网络安全能力概述

结合大量的信息安全实践和网络技术实践经验，我们总结出金融企业网络安全需要关注的管理方面的重点。

首先我们要关注战略与规划。一些金融企业在移动安全的规划过程中往往缺乏全局性的防御理念，经常采用的是"头痛医头，脚痛医脚"的管理方式，或者认为依赖某种特定的安全技术就可以构造出网络安全防线。在实际环境中，只有以网络安全战略为引领，所有网络安全项目都具有持续性且与安全战略保持同步，才能构建有效的安全防线。为此，企业必须培养和发展有关网络安全的战略与规划能力，以帮助企业管理层识别相关业务对网络安的需求，识别未来的业务发展机会，并制定出网络安全的发展路线图。

另外，实施与交付也是我们必须关注的重点。如图 7-5 所示，必须为网络安全的入口、应用、基础架构服务和网络流量等构建"端到端"的网络安全架构，并按照路线图的要求，组织公司和第三方合作伙伴共同实施。

战略与规划	实施与交付				评估/审计/运营
理解业务需求，梳理安全网络	与技术架构专家及第三方合作伙伴共同交付				加速传统信息化组织的融合，通过安全的运营、管理和持续审计最大化安全方案的价值
（1）业务驱动的网络安全战略和路线图 （2）业务持续性管理 （3）网络架构、运营、治理、风险&威胁评估 （4）网络转型的安全项目群规划	入口	应用	基础架构服务	网络流量	（1）安全运营中心和网络运营中心的融合 （2）安全管理报告和分析工具 （3）通过安全监控系统提升安全事件的处置能力 （4）业务连续性的灾备演练和流程外包
	探测				
	修复/优化				
	完整性&弹性				
	授权				
	认证				
	加密				
	审计和报告				
	安全管理				

图 7-5　金融企业网络安全关注点

最后，企业需要有效运营。有效运营的关键在于治理。通过治理，促使安全政策和安全流程能够有效地在安全运营、安全培训和安全组织转型等领域得到执行。

在网络安全技术领域，我们还需要关注以下几个方面的内容。

❏ **网络访问控制**：监控与网络相关的访问，用身份、网络位置、操作系统和其他信息来辅助判断一个设备或用户是否被允许访问网络,包括身份集成、单点登录、设备扫描等技术。
- **下一代防火墙技术**:新的防火墙技术将关注"全面禁止个人使用自身的应用"和"全面开发个人应用"之间的平衡。在原有的源/目标端口的管控范围之上,将进一步分析内容、身份信息、应用、时间序列等。不仅如此,基于对这些信息的分析,可逐步形成关于安全策略的知识,这些知识可以辅助业务人员进行安全放行的决策。
- **远程/VPN网关技术**:目标是在已有的、非安全的网络媒介(例如互联网)上创建一个用户与企业网之间的安全通道,常用技术包括访问控制、应用安全控制、设备扫描、加密(或者其他数据保护机制)等。
- **基于身份识别的隔离**:通过用户身份、角色和权限等构建动态、自适应的网络隔离区域。

7.8 移动设备安全

金融机构对各类型移动设备,如笔记本电脑、手机、智能电视等,均应采取有效技术措施,保护其在本地处理的敏感信息以及其与服务器交互的重要信息的机密性和完整性;应利用技术手段有效保护移动设备程序的真实性和完整性,以及敏感程序逻辑的机密性。

从管理的角度来看,移动设备主要会从4个方面给企业的科技带来提升。
- 智能设备的大规模使用促使业务应用迅速部署在移动终端,并且促使移动设备整体计算能力的提升。设计能力的提升为业务市场发展提供了相应的科技保障。

- 开放的开发环境可以促使移动平台和应用能够对核心组件和服务进行标准化，从而促进未来 API 生态的形成。
- 移动平台的标准化也为跨平台的数据安全和数据治理提供了良好的环境。不仅如此，应当尽量满足用户及客户对设备的需求，确保设备自带的移动平台系统的安全性，以及公司敏感数据和用户个人隐私数据在移动设备上使用、同步和备份时的安全性。
- 应有效控制移动设备，当移动设备丢失或者被盗时，企业应能远程移除或销毁敏感数据。

1. 移动设备安全的基本策略

本节所说的移动设备包括以独立形式存在的 PC、各种移动终端、智能电视，也包括借助浏览器或其他应用与网银后台系统进行交互的手持设备等。对于移动设备，除了应满足前面提到的移动安全的基本需求外，还要满足针对移动设备的特定安全需求。特定安全需求主要体现在移动设备程序上，具体包括：

- 移动设备程序应具有抗逆向分析、抗反汇编等安全性防护措施，可防范攻击者对移动设备程序进行调试、分析和篡改。
- 移动设备程序应保证其安全控件自身的安全性，避免出现缓冲区溢出、提权等漏洞。
- 移动设备程序应防范恶意程序获取或篡改敏感信息，例如使用浏览器接口保护控件。
- 移动设备程序应防范通过键盘窃听敏感信息（例如防范采用挂钩 Windows 键盘消息等方式进行键盘窃听），并应具有对通过挂钩窃听键盘信息等手段进行预警的功能。
- 移动设备程序在形成安装包前应采取代码混淆等防逆向、防动态调试措施，防止移动设备程序被反编译或逆向分析，以确保移动设备的敏感程序逻辑的机密性。

- 移动设备程序启动及运行过程中，应采取相应的移动设备进程保护措施，防止非法程序获取该进程的访问权限或替换移动设备页面。
- 移动设备程序应提供敏感信息机密性、完整性保护功能，例如采取随机布放按键位置、防范键盘窃听技术、计算 MAC 校验码等措施。
- 而针对 PC 移动设备和 PC 浏览器网银插件，还会额外要求保护在移动设备上启动的用于访问网上银行的进程，防止非法程序获取该进程的访问权限。
- 移动设备程序应在每次运行前对运行环境的安全性进行检测，若发现恶意程序，应及时发出提示。
- 移动设备程序应采用反屏幕录像技术，防范非法程序获取敏感信息。
- 在移动设备程序开发设计过程中应规避各终端平台存在的安全漏洞，例如，按键输入记录、自动拷屏机制、文档显示缓存等。

移动应用程序应在每次运行前对运行环境安全性进行检测，若发现恶意程序应给出提示。对于在网上银行业务发展过程中新出现的移动设备程序或者网上银行终端技术，都需要从软硬件的合法性、软硬件程序完整性、数据访问控制、数据输入安全、数据存储安全、数据传输安全以及可信的执行环境等方面保证移动设备软硬件程序是安全的。

2. 设备安全能力概览

一般来说，在实践中，通常使用移动设备安全管理技术来帮助相关人员进行管理工作，以确保移动设备和应用的安全。我们在实践中总结的移动设备安全管理框架如图 7-6 所示。

对于这部分内容这里不再展开，读者可参照图 7-6 自行学习。图中大部分内容前文已有涉及。

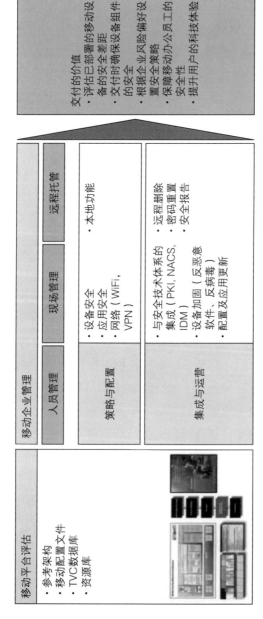

图7-6 移动设备安全管理框架

3. 移动设备安全边界和集成关系

为了对移动设备进行有效管理，我们需要了解移动设备的安全边界，并掌握和控制移动设备与外部针对复杂数据和内容进行交换的过程。移动设备的安全边界与移动设备对外的集成通常是紧密关联的，图 7-7 所示为一个典型的移动设备与外界的集成架构。移动设备的安全边界一般分为几个部分。

第一部分是移动设备与电信运营商网络的安全边界，移动设备与网络进行集成信息交互一般是通过语言和消息完成的。

第二部分是移动设备与外设的连接部分，通常是与对等设备商的 I/O 总线进行对接。

第三部分是 NFC、蓝牙或者点对点的 WiFi，与配对设备进行集成信息交换从而形成安全边界。

第四部分是与企业广域网进行数据交换的部分，一般是以 WiFi 的形式进行的。

第五部分是移动 VPN 的访问部分，这种部分通过访问内外部的数据形成安全边界。

4. 移动设备管理方案

移动设备管理是有效管理移动设备安全的传统方案，通过持续配置和控制移动设备，并持续监控移动设备的状态和行为，来确保企业安全策略在移动设备上的执行。图 7-8 描述了一个典型的移动设备管理逻辑架构。

通过移动设备管理，企业形成了对抗风险的有效防御性机制，例如：用户授权、密码联合认证，或者在取消联合认证的情况下强制对信息进行加密或解密；配置、删除或重置 VPN、WiFi，以及删除或重置其他用于访问公司资源的设备的配置和认证；远程清除丢失或者失窃的设备上的敏感信息，监控非法或者未经授权的用户在设备上进行实时内容访问或者资源访问，并生成对应报告；针对潜在安全风险进行控制；禁用某些移动设备的功能，例如摄像头、指纹识别等。

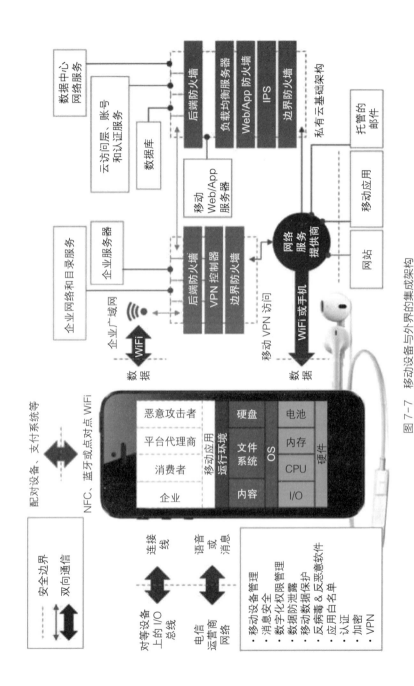

图 7-7 移动设备与外界的集成架构

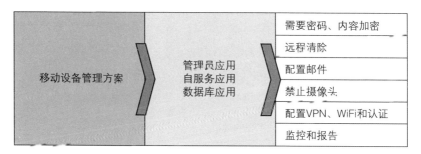

图 7-8 移动设备管理逻辑架构

7.9 小结

移动安全是金融安全中的重中之重,所以金融行业普遍采用新型技术加以应对。从外部环境来看,攻击者趋利明显,地下黑产情况恶劣,体系化、集团化网络攻击日趋增多,导致安全威胁呈现多维度、多层次的特点。从技术形态来看,攻击过程自动化,攻击工具、手段快速更新,这些都使得攻击者在攻防对抗中处于优势地位;同时,当前的安全防御机制的更新速度普遍慢于攻击方式的更新速度,导致金融企业应对新型威胁乏力。从金融企业自身管理的角度来看,普遍采用的防御理念较为落后,缺少纵深防御。

本章结合业界应对移动安全的业务实践、内部管理实践和技术实践,提出金融企业移动安全能力框架,分别探讨了移动安全治理、移动安全的用户与身份管理、移动应用安全、移动数据安全、移动安全网络与云安全、移动设备安全,针对每个主题深入探讨了目前业界比较关注的移动安全的问题与挑战,并提出了针对性的应对举措。希望这些对移动安全框架的梳理和探讨,能够帮助读者在移动安全领域纵观全局,正视风险,在移动安全规划、管理和运营方面真正做到运筹帷幄。

| 第 8 章 | CHAPTER

安全的用户体验

本章将主要探讨以下问题：

❑ 用户体验对于金融科技的重要性体现在哪些方面？

❑ 用户体验和数字化安全将如何定义未来的金融科技生态？

❑ 平衡用户体验与数字化安全的业界领先实践有哪些？

金融科技领域的实践者期望通过数字化转型，综合新技术和流程变革等手段让用户体验有一个飞跃，进而为用户创造新的价值。

8.1 安全与用户体验面面观

8.1.1 安全与用户体验的几种关系

中国信息通信研究院（CAICT）的报告[一]指出，"金融科技聚焦客户体验，金融科技应用让金融服务更加关注客户体验，持续根据客户需求的变化进行产品的快速迭代优化，实现传统金融服务所不具备的个性化和差异化服务体验"。而对于在金融科技实践过程中如何处理安全和用户体验的关系的问题，业界始终存在不同的声音。

1）**用户体验优先**：此观点的支持者认为，互联网时代就是要追求极致的用户体验，安全应该作为次要的考虑因素。

2）**安全优先**：此观点的支持者认为，由于金融的特殊属性，需要把安全放在第一位，把用户体验放在第二位，甚至为了安全可以不惜放弃用户体验。

3）**安全和用户体验都不重要**：此观点的支持者认为，实现产品快速上市更重要，应该做到"体验诚可贵，安全价更高，若为市场故，两者皆可抛"。但是从行业实践角度来看，这仅能作为权宜

一 《中国金融科技生态白皮书》，于2019年7月10日由中国信息通信研究院发布。

之计，若长期采用这种策略而没有其他配套措施，那在强监管和网络安全危机四伏的时代，不啻饮鸩止渴。

4）**安全是用户体验的重要组成部分**：此观点的支持者认为，安全和用户体验不应成为对立的两个方面，金融产品或服务的用户体验应该包括安全感的提供。从效果层面看，金融科技产品经理在产品设计和用户体验设计中应将安全需求及其管理过程提前充分考虑和融合；安全管理者为了更好地实现金融机构自身的安全和客户的安全，需要更好地将安全能力融入用户体验管理的过程中；安全管理者和产品经理应能相互理解、相互支撑、相互补位，只要采用适当的方法论就有可能做好安全和用户体验的和谐统一。从系统架构角度看，通过采用类似 FIDO/IFAA 这样的统一安全认证平台，再配合生物认证等新一代的认证技术，可以提供安全和用户体验俱佳的产品。

8.1.2　CFCA 对电子银行的调研

中国金融认证中心（China Financial Certification Authority，CFCA）作为经中国人民银行和国家信息安全管理机构批准成立的国家级权威的安全认证机构和国家金融信息安全基础设施，在 2019 年发布了《中国电子银行调查报告》（下面简称"报告"），调查的对象主要是个人电子银行和企业电子银行。在以往常规调研内容的基础上，2019 年的报告在个人电子银行部分增加了包括生物信息安全认证方式体验研究、金融感知研究、应用性能体验研究、性能评测及体验研究、快速提升用户体验交互设计水平等和用户体验相关的内容；在企业电子银行部分则增加了对小微企业电子银行使用行为态度的研究，希望能契合当前金融行业发展趋势，推动银行业发展。

1. 调研方法

CFCA 这次专门针对个人手机银行用户进行了调研，调研针对的是 2018 年 10 月至 2019 年 9 月这个时间段内平均每月打开任意个人手机银行 App 达到 13 次及以上的用户，共采集了 24 万个样本。而在企业用户方面，对注册成立 1 年以上的企业法人单位，通过在线调研、企业用户深访、电子银行专家深访、银行填报等方式，共收集了 2793 个样本。

2. 调研中安全相关的主要发现

在趋势上，报告指出，手机银行用户比例自 2018 年首次超越网上银行后，继续保持稳步高速增长，2019 年同比增幅达 6%，增速达 11%，渠道用户比例达到 63%；网上银行呈现低速增长趋势，2019 年与 2018 年相比仅增长 3%，渠道用户占比 56%；而后崛起的微信银行由于服务内容和质量不断完善，用户比例也在快速增长，2019 年与 2018 年相比增长 8%，渗透率攀升至 42%。

（1）用户最看重安全

"用户使用手机银行看重因素"调研表明，有 60% 的用户将系统安全性列为看重因素，在各种因素中占比最高，如图 8-1 所示。

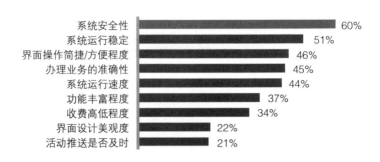

图 8-1 用户使用手机银行看重因素

然而，解决手机银行的安全问题不仅在于技术的研发和升级，更需要的是用户对手机银行观念的转变，需要加强用户教育，帮助用户逐渐削减在安全性方面的顾虑。

（2）安全感的主要来源是使用体验

报告认为，用户安全感的主要来源是使用体验，其次是实力/背景、监管、知名度、赔付机制等因素，如图8-2所示。

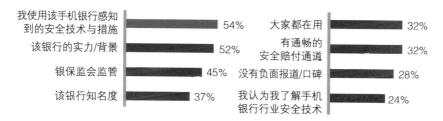

图8-2　用户使用手机银行安全感的主要来源

（3）生物识别占比增加

报告指出，在2017年至2019年这三年中，银行业采用指纹登录及人脸识别登录这两种生物识别安全认证方式的比例逐渐增加，其中，全国性银行采用指纹登录的比例约为94%，在区域性银行中，采用指纹登录的比例也已达到73%；而人脸识别认证增长比例较低，2019年，全国性银行中使用人脸识别登录方式的仅占39%，区域性银行中仅占27%。此外，声纹识别的登录方式也开始出现在银行业内，在2019年参加评测的90多家银行中，已有3家银行设置了声纹识别的登录方式。

（4）用户对指纹登录满意度最高

报告认为，安全认证方式平均操作时长与用户满意度得分呈现负相关趋势：操作时间越长，满意度越低。

指纹登录成为用户最满意的登录方式，这种方式不仅识别速度快、准确度高，而且用户需要做的操作比较简单。

对人脸识别不满意的地方主要有以下几个：
- 识别速度慢，需要做出相应动作。有用户表示，需要做出眨眼、张嘴等动作，有时需要把手机举起、摆正才能识别出来。
- 戴口罩时，人脸识别无法正常进行。

用户对声纹不满意的地方主要有以下几个：
- 声纹识别度低，声音稍有变化或者背景嘈杂时就可能造成验证无法通过。
- 在公共场合下使用需要发出声音，会让别人觉得很尴尬。
- 速度慢，识别效率低。

（5）网络金融安全感近6年有大幅提升

报告指出，手机银行、网上银行经过近6年的发展，用户对其安全性的认同感已经大大提升，九成以上的用户认为手机银行、网上银行已经达到比较安全或以上水平（微信银行为86%）。一二线城市用户对网络金融渠道安全性的评价差异不大，但三线城市中认为网络金融渠道非常安全的用户比例明显高于一二线城市。

（6）手机银行隐私保护在安全感中越来越重要

调查发现，相比于资金安全，一线城市用户更为关注隐私安全。用户担心的安全问题中，占比最高的是个人隐私泄露，其次才是安全认证信息泄露和资金安全，这说明用户对安全的定义范畴已经从最初把隐私纳入考虑，向越来越重视隐私保护转变。而城市级别越高，担心个人信息泄露的用户比例就越高。手机银行权限设置的设计有待提高：用户认为手机银行索要了不必要的手机权限，而用户拒绝授权后又不能使用手机银行有关功能。手机银行在索要手机权限与隐私时，可以在隐私条款说明、用户可控性方面做得更好。用户愿意授予手机银行的权限种类不多，主要有手机识别码（International Mobile Equipment Identity，IMEI）、位置信息和短信，而对于内部安装应用、通讯录和通话记录的访问权限，授权意愿低。

总体来说，CFCA 的报告从用户视角阐述了安全在银行用户体验中的重要程度、安全感的来源、不同认证方式的用户体验差异、不同人群对产品安全感和隐私的体验差异等，这些内容可以帮助金融企业厘清安全和用户体验之间的关系，还可以作为提升产品设计、安全能力的参考。

8.2 安全体验互动模式

在金融科技中怎样以安全感设计来提升用户体验？有哪些基础概念、行业最佳实践、案例可供参考？

8.2.1 UX 和 CX

我们先从用户体验（User Experience，UX）说起。美国认知心理学家、计算机工程师、工业设计家、认知科学学会的发起人之一 Don Norman 在担任苹果设计部副总裁时创造了用户体验这一概念。他在 1998 年创建 Nielsen Norman 公司的时候指出了用户体验的 4 个特点：

- 用户体验首先需要满足客户的具体需求，没有多余或负面的设计；
- 考虑产品的简洁和优雅，令拥有者在使用时感到愉悦；
- 真正的用户体验不是仅为用户提供他们想要的功能清单；
- 高品质的用户体验必须将工程学、市场营销、图形学和工业设计以及界面设计等多个学科的服务无缝融合，共同打造。

而 2010 年前后，又出现了客户体验（Customer Experience，CX）的说法。UX 和 CX 的关系是：UX 是站在终端使用者的角度来与一个服务提供方的产品进行互动的，比如在 App、网站、微信公众号或者一个实物产品的设计中会大量运用 UX，如图 8-3 所示。所以 UX 是一种相对微观、更聚焦用户与系统之间互动的体验。而 CX 则指客户对一个品牌、公司产生的感知和与之发生的互动后获得的体验。这是一个更为宏观的概念，覆盖了一个品牌和客户发生互动的所有场景，包括广告、会展等非系统体验场景，这种体验场景会以潜移默化的方式，系统地让客户对品牌产生印象，进而影响客户的忠诚度。UX 更侧重终端使用者——使用产品、服务的人，而客户在某些方面可能和终端用户重合，但是客户也可能是代表他人进行采购，所以客户不一定是最终用户，也就是说 UX 不能涵盖客户的整体体验。CFCA 的报告中涉及 CX，但更侧重 UX，我们接下来的介绍重点也是在 UX 方面。

图 8-3　CX 与 UX 的关系图

8.2.2　技术接受模型

Davis 的计算机技术接受模型（Technology Acceptance Model，TAM）是认知科学与现代信息技术领域最权威的安全感技术接受模型（见图 8-4），经常被业界作为安全感设计的基础。2007 年，Davis 完善了 TAM，更清晰地描述了用户对产品或服务的接受程度。

对于一种产品，潜在使用者的安全感来自两方面：一方面是感觉到这种新的 IT 技术的可用性（Perceived Usefulness，PU），另一方面是感觉到这种新的 IT 技术的易用性（Perceived Ease-Of-Use，PEOU）。其中 PU 是潜在使用者在特定情况下对新的 IT 技术所能产生的效用的主观判断，而 PEOU 是指潜在使用者对于学习和运用该新 IT 技术在认知方面所做的努力。

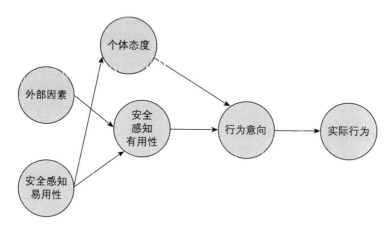

图 8-4　安全感技术接受模型

我们可以将 TAM 中的影响路径运用在金融科技安全感设计实践中，也就是说，对于金融科技来说，产品越是有用且越易用，用户就越愿意采用。

8.2.3　体验和安全的整合

如何整合体验和安全？我们把安全和体验作为两个独立领域进行处理，然后参考 Ranjeet Tayi 于 2019 年在 RSA 论坛上的关于安全用户体验的演讲，绘制了安全和体验整合图，如图 8-5 所示。

安全，除了需要在心理层面给用户以安全感以外，还需要满足机密性、可用性、完整性，以及数据用途、合规性等与安全和隐私相关的要求，这个领域的重点是安全指标、安全测试，参考的模型是威胁模型。而人的因素，在安全设计中很大程度上是作为攻击者来考虑的。

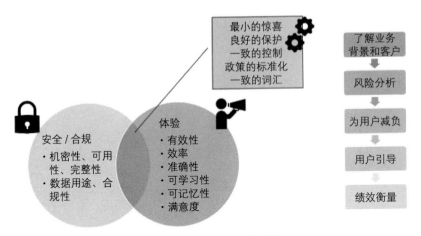

图 8-5 安全和体验整合图

体验则强调有效性、效率、准确性、可学习性、可记忆性、满意度等内容。人，特别是用户，在体验设计中，是主要的考虑对象。体验设计参考的模型是任务模型、思维模型、认知模型，采用的是使用性指标和用户研究方面的技术。

通过整合，我们应把安全和人都作为解决方案的主要约束条件。在"人"这方面，重点考虑普通用户和攻击者，工作中利用威胁模型、任务模型、思维模型等工具，综合运用使用性和安全指标，在用户研究中增加欺诈和攻击者的内容。

具体怎样将整合措施落地？可以分 5 个步骤完成。

1）**了解业务背景和客户**：为了获得好的用户体验，首先就要站在用户角度了解他们的技能、行为、行为历程等方面的特点，了解会对他们产生影响的背景、环境、心理、场景等因素，了解他们使用产品的目的和动机，识别、认证真正的用户，并为不同用户授予不同权限。

2）**风险分析**：分析不同类型的风险及其会产生的影响，生成威胁模型并确定风险排序，采用合适的颜色、图标、象征物来传达风险警告。

3）**为用户减负**：适当提升灵活性但不要让用户不知所措。提供良好的默认保护，让用户能充分理解自己能控制什么、如何控制以及不同设置的影响。对于安全控制措施，考虑好错误处理和保护的方法。

4）**用户引导**：可以通过与操作集成的方法加强培训，让客户对操作带来的影响形成预期；在数据使用方面，提供透明和明确的信息以说明数据搜集范围、目的以及用户所得；用简洁的语言来表示错误、报警、帮助等信息。

5）**绩效评估**：在用户画像基础上运用综合指标来整体评估使用性和安全性；在用户环境下努力平衡使用性和安全性。

8.3 金融科技领域的用户体验实践

在金融科技领域中，主流金融科技公司高度重视用户体验设计，并且有各自的实践方法。

8.3.1 蚂蚁金服的 AUX

蚂蚁金服成立了用户体验设计团队（Alipay User eXperience Design，AUX），针对设计中"一个项目设计的时间是有限的，但对于一个行业的理解又是需要时间沉淀与积累的，这就会产生一定的矛盾"等问题，总结出用户体验设计"五步法"：

1）充分进行行业调研、圈定目标人群；
2）明确用户分类与行为特征，并进行仿真分析；
3）搭建用户场景，筛选核心需求；
4）建立需求管理机制，建立交互框架；
5）输出交互方案。

通过这 5 个步骤，可以循序渐进地完成用户体验设计。通过这些策略，设计师能够用通用的、标准化的设计方法快速开展并协同推动项目。

支付宝的用户体验设计团队根据 TAM 模型，从可用性和易用性两个角度来完成支付安全感的设计，如图 8-6 所示。

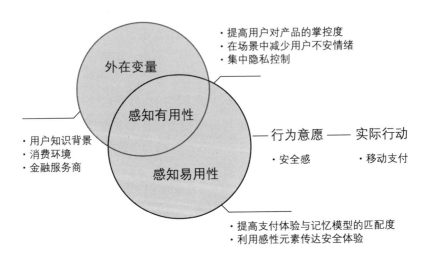

图 8-6　支付宝安全感设计

提升产品感知易用性的重点，一是提高支付体验与记忆模型的匹配度，二是利用感性元素传达安全体验。

提高产品感知有用性的重点，一是提高用户对产品的掌控度，二是在场景中减少用户不安情绪，三是集中隐私控制。

在提高支付体验与记忆模型匹配度方面，因为人类在进化过程中形成了有意识地与自己熟悉的环境亲近的能力，所以应该采用类似钱包、卡包之类的传统模型来保证得到预期效果，因为这样可以减少用户认知障碍，唤醒用户安全感保护意识。在使用支付功能时，统一通过应用程序接口（Alipay API）提供收银台调用服务，调用统一的支付宝收银控件，实现付款信息展示、密码输入、付款方式选择、支付帮助等功能，以提升用户熟悉感和舒适感。

在利用感性元素传达安全体验方面，不仅应该充分运用技术、数据的理性能力，还应该加强文案、图像、色彩、调性等方面的感性影响。通过图形、色彩，或者类似盾牌、齿轮、锁等"暗喻"手段来唤起用户安全记忆，构建用户安全感。支付宝已从前期的支付工具转型为生活入口，覆盖了用户日常的吃喝玩乐，但是其在"用视觉元素提供安全体验"这一点上一直没有改变，比如通过色彩、文案等细节确保长久以来冷静、稳重的风格。当然，支付宝也做了一些调整，比如在以前以深灰色为主色的情况下，加入了明快的蓝色，这样可在确保用户安全感的同时，提高产品的活泼度，提升用户体验。

在提高用户对产品掌控度方面，支付宝通过相关的设计，可以允许用户在操作中随时进行打断、继续、返回、终止等干预性操作，以确保信息对等。支付宝还提供了实时进度反馈、关键操作可逆等手段使得用户在移动支付的流程中获得当家做主的感受，通过设计解决用户体验中的及时性、明显性、准确性、超预期性的问题，提高用户对产品的掌控度和信任感。

为了在场景中减少用户的不安情绪，支付宝在设计上吸取以前安装时索取通讯录权限导致索取失败的教训，采取了以下策略提升权限获取率：用户安装完支付宝，应用程序不会在用户进入应用时向其索取手机通讯录权限，而是在用户进入添加朋友、发起群聊等场景时再向其请求，让用户对支付宝获取隐私权限有所理解；同时调整文案，由"支付宝想要访问你的通讯录"改为"支付宝想要访问你的通讯录，可以找到通讯录中的支付宝朋友，支付宝不会保存你的通讯录内容"。

在隐私控制布局方面，业界有两种做法：一种是对隐私的控制分散在操作系统、应用、功能的不同方面；另一种是将有关功能集中起来。支付宝认为，对隐私的保护是构建安全感的必要条件，良好的隐私安全可使用户对产品产生信任，继而对财富保障产生信任，有了这两方面的信任，用户才会放心支付。集中隐私控制，可将产品安全风险方面的最终决定权尽可能地交给用户，这是让用户产生安全感的最后一层保障。在产品实现层面，结合 iOS、Android 等移动操作系统的隐私管理方法，支付宝在应用层面实现了统一的以安全为中心的权限管理机制，用户可以管理推荐机制、个人信息保护机制、搜索机制，以确保应用内容在用户的掌控中，给用户带来足够的安全感。

8.3.2 度小满的 ONE[一]

百度金融（现为"度小满"）也成立了用户体验中心，他们采用 ONE 的用户体验设计框架，将相对较为分散、表面化的设计用金融科技产品的 ONE 这样一个核心框架进行替代。他们认为，设计应该考虑用户心理、用户价值以及公司盈利这三个层面的内容。

在用户心理层面，要提供两方面的价值：一是认知方面的价值，就是通过设计结构层次布局形成秩序感；二是感知方面的价值，就是通过艺术、设计对用户形成独特的影响和冲击等，比如看到某种色彩和设计，用户就能识别出是哪家公司的产品。

用户价值层面（以贷款产品为例）又分为基础价值和增加价值两个层面：

❑ 基础价值层面考虑三个方面的问题：是不是能够借钱给用

[一] 参见胡晓撰写的《重新定义用户体验：文化·服务·价值》，于 2018 年 7 月由清华大学出版社出版。

户？是不是能稳定地借钱给用户？能不能对用户的需求做匹配？
- 增加价值层面则考虑易用性、安全性、效率这三方面的问题。

公司盈利层面则考虑获客、信用、还款、复购这四个环节的问题。

接下来再对用户进行细分，如图 8-7 所示：纵轴是产品要素，横轴是三类用户需求。A 是指用户对这个点非常看重，如果没有或做得不好，用户就不会用该产品；B 表示这个点很重要，但用户不会因为没有这个点就不用产品了；C 表示这个点对用户来说不是特别重要；"高、中、低"则代表用户对融资资金的需求程度。

用户分层

	高	中	低
平台	A	A	B
额度	A	B	C
利息	B/C	A	C
灵活	B/C	B/C	C
速度	B	B/C	B
流程	B	B/C	A

图 8-7　信贷客户用户分层

基于以上分析，百度用户体验团队构建了 ONE 的设计模型，并将其作为核心设计框架（见图 8-8）。ONE 模型共分为 3 层。

- 基础层：安全、透明、准确、专业、合规是做设计时最基础的需求。
- 增值层：提升竞争力和说服力。会用到降维、减法、匹配等手法。
- 服务层：要让用户知道契约感，给用户信赖、安全、稳定等感觉。

图 8-8　度小满 ONE 信贷设计模型

8.4　统一访问服务

自互联网应用诞生以来，无论是电商领域还是金融科技领域，服务提供商始终面临着在解决用户身份认证时如何平衡安全和用户体验的问题：异构平台、应用、终端都拥有独立的认证体系，这样虽然可提高安全性，但用户体验不佳。不同的网站，在登录时需要不同的账户和密码，此时用户会面临几个问题。

- 用户体验方面：用户需要设置统一的用户名和密码以方便记忆，但是由于各个服务提供商给出的认证机制要素（包括密码长度等）有很大差异，很难完全一致，导致用户体验较差。
- 安全方面：前些年曾出现黑客盗取一个服务商站点的用户

名和密码的事件。黑客还采用拖库的手段攻击其他的站点，对用户的安全和隐私造成重大威胁。为了应对这样的挑战，Facebook、Google、Twitter等身份服务提供商（IdP）借助云计算推出统一身份认证服务，用于访问第三方应用。在我国也出现了相关产品，比如微信账号、QQ账号、微博等，相关社交媒体也承担起了IdP的重任。随着移动互联技术的广泛应用，也出现了诸如FIDO、IFAA等新的身份认证技术标准框架。

下面介绍实现统一访问服务的主要技术。

1. IDaaS

随着云计算的兴起和普及，基于云的身份管理服务（IDentity-as-a-Service，IDaaS）机制开始为云生态中的企业和个人用户提供安全、统一、高效的身份管理服务。以前企业内部使用AD、LDAP等传统的身份认证机制，这些机制在不同系统中采用分散式的身份认证模式。与传统机制不同，IDaaS支持统一、集中管理企业和个人用户身份和认证方式。用户仅需一次认证即可反复登录授权范围内的所有应用和系统，也能统一监控和管理用户登录和访问行为，极大地提升了管理效率，降低了维护成本，提升了终端用户的使用体验。

以腾讯云提供的IDaaS服务为例[一]，其提供了6个方面的能力。

1）**企业用户数据源统一管理**。随着企业业务的发展和系统建设，使用并存储用户信息的业务系统逐步增多，而不同业务系统由于架构缺乏统一规划和同步机制等，经常出现用户信息不一致、相互矛盾等情况。IDaaS可为企业提供存储并管理企业用户信息的服务，其实现了用户数据源统一管理，并能将数据同步输出给其他系统。

㊀ 参见 https://cloud.tencent.com/product/idaas。

2）**企业用户生命周期管理**。当出现用户入职、离职和转岗等情况时，IDaaS 能够灵活同步用户数据、用户权限，避免出现权限回收不及时导致的企业数据安全问题。

3）**多系统统一身份认证**。企业用户统一在 IDaaS 进行身份认证后，即可访问各个应用系统。

4）**用户权限集中管理**。IDaaS 为企业提供集中权限管理，便于企业及时调整各个系统的权限分配原则。

5）**应用统一管理并快速集成**。企业可根据实际需求，配置各类应用系统。企业通过简单配置即可实现单点登录，并快速部署新应用。

6）**支持腾讯云子用户访问**。企业可以将腾讯云下的子用户的账号作为数据源同步至 IDaaS 平台，如图 8-9 所示。通过腾讯云账号授权登录的方式，子用户可登录 IDaaS 平台，并访问已授权的应用系统。

图 8-9　腾讯云 IDaaS 服务架构图

2. FIDO 和 IFAA

随着移动产业的成熟，移动应用逐渐兴起，"传统账户 + 密码"的认证方法已经不能在安全和用户体验上满足移动金融等领域的应用的要求，于是业界相继出现了 FIDO、IFAA 等基于可信计算技术的统一认证方案。

FIDO 线上快速身份验证标准是由 FIDO 联盟提出的一个开放的标准协议，也是一款高安全性、跨平台、用户体验极佳和具有隐私保护功能的身份验证技术架构。FIDO 标准通过集成生物识别与非对称加密两大技术来实现用户身份验证，试图终结多年来用户必须记忆并使用大量复杂密码的烦恼。FIDO 联盟全称为 Fast Identity Online Alliance，是在 2012 年由国内外巨头（如 Google、Intel、Visa、MasterCard、阿里巴巴、联想等）共同发起成立的，旨在构建出一套功能强大、安全且便于使用的用户验证开放标准。FIDO 标准有 3 个特点。

1）**极简的用户体验**。为了得到广大个人用户及企业用户的认可，新认证技术必须提供比基于密码的验证方式更为简洁且更为安全的能力。

2）**跨站点兼容性高**。当一个验证要素（如 FIDO 令牌或生物验证传感器）在多个网站完成初始化注册后，该验证要素可以在这些网站间实现跨站点的用户身份验证。

3）**保护用户隐私**。用于身份验证的用户个人生物特征信息（如人脸、指纹、声音等）应受到严格保护，保护措施包括基于公私钥对进行非对称加密，以及只在本地可信执行环境（TEE）存放相关特征信息，如图 8-10 所示。FIDO 收集的个人信息仅限用于 FIDO 允许的身份认证，非 FIDO 允许的操作都将被禁止。

在该标准中，FIDO 提出了两种用户验证协议：UAF 协议和 U2F 协议。

UAF 协议（Universal Authentication Framework Protocol，通用认证框架协议）更符合移动用户的使用习惯。在用户需要验证身份时，会通过生物识别技术取得用户授权，然后在手机端通过私钥签名形成认证信息并提供给后台服务器，实现无密码交易，在此过程中，用户通过简单的刷指纹或者人脸识别即可完成认证。依据 UAF 协议，用户所有的个人生物数据与私钥都只允许存储在用户设备的安全模块 TEE 中，而无须经网络传送到网站服务器。而在服务端，仅通过用户的公钥即可完成身份验证，从而大大降低了在进行用户验证时出现信息泄露的风险。即使网站服务器被黑客攻击，黑客也得不到用户验证信息，这就消除了传统密码数据泄露后的连锁反应。

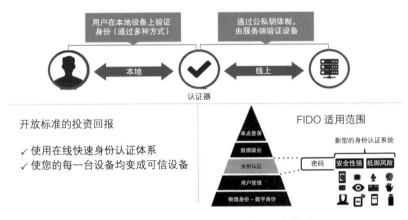

图 8-10　在线快速身份认证系统的运行模式

UAF 协议在 B2C 场景中应用更广泛，而在 B2E（企业对雇员）场景中应用更多的为 U2F 协议（Universal 2nd Factor Protocol，通用双因素协议）。用户只要提供一个符合 U2F 协议的验证设备作为第二身份验证因素，即可保证交易足够安全。该验证设备被称为 U2F 设备。用户在使用时先通过用户名和密码的方式登录网站或服务端，然后在有高安全需求时（如交易确认）通过 U2F 设备的验证信息来完成本次身份验证操作。借助 U2F 设备，用户不再需要记忆复杂的密码，这里的密码主要用于用户登录，不决定交易安全性高低，用户即使只使用 4 位简单密码也不会影响最终的交易安全性。

以上两个协议是 2015 年推出的 FIDO 1.0 中的重要内容，而 2018 年推出的 FIDO 2.0，在 1.0 的基础上增加了 WebAuthn API 和 CTAP 协议两部分内容，其中的 WebAuthn API 通过 WebAuthn 接口为 Web 应用开发者提供统一的调用 FIDO 服务的标准。CTAP（Client to Authenticator Protocol）是 U2F 的延伸。通过使用独立的手机、USB 设备或 PC 内置的平台认证器，FIDO 2.0 可在 Windows 10 或者 MacBook 系统上完成身份认证。由于和 W3C 合作，FIDO 从业界联盟的内部规范上升为相关国际机构（ITU 国际电信联盟及 W3C 万维网联盟）的正式标准。

而在国内，相关机构也开展了大规模的基于生物认证的实践活动。一是 IFAA（Internet Finance Authentication Alliance，互联网金融身份认证联盟）的成立。IFAA 是由中国信息通信研究院、蚂蚁金服、华为等机构在 2015 年联合发起的，建立的初衷是确保使用生物特征识别进行身份认证时足够便捷、安全和可信，通过协同整个产业上下游创新，建立起一个生物识别框架下的芯片级安全链路。IFAA 也成为提升指纹、人脸等生物识别应用安全水平并推动其普及和发展的重要力量，它发布的规范在全球 36 个手机品牌、600 多款超过 15 亿台手机上得到了应用和支持，并向支付宝、12306、建行等金融、政务、线上购物和公共出行类应用提供服务，保障用户的安全体验。二是腾讯旗下的微信支付，其借助微信和 QQ 推进刷脸支付。三是作为"国家队"一员的银联，其在 2019 年推出了"人脸识别线下支付安全应用"，在宁波、成都、上海、北京等城市试点。这些实践在具体技术应用方式和生态链的参与方式方面与 FIDO 有较为明显的差异。FIDO 和 IFAA 之间也形成了竞争态势，但是在整体效果上，它们都在用户体验和安全的平衡方面上了一个台阶。

8.5 小结

金融科技的运用势必会带来更好的用户体验，而安全感和易用性是用户体验中非常重要的影响因素，可以采用 TAM 来解决 UX 层面安全感设计问题，而在整体安全和使用性方面则要统筹考虑安全管理和体验管理的特性，综合运用用户商业背景调查、风险评估、客户价值、绩效评估等实现安全和用户体验的平衡。金融科技行业先进实践表明，通过技术、商业、管理方法的创新和应用，在身份认证、支付、信贷等领域，在保证服务提供方和用户利益的前提下，用户安全和用户体验可以同时提升。

| 第 9 章 | CHAPTER

监管合规

本章将主要针对 4 个问题展开讨论：
- 对于监管合规来说，未来将面临哪些网络安全方面的挑战以及监管要求？
- 国内外关于网络安全监管的法规和标准有哪些？
- 在当前环境中，我们要如何基于现有的监管法规和标准来进行全球化的实操？
- 面对当前的网络风险形势，我们应当如何完善和优化对网络风险的监管？

9.1 概述

最近这些年，"云物大移"（云计算、物联网、大数据和移动化）等新兴技术飞速发展，带动并促进了金融行业以快速迭代的方式发展与持续创新，金融科技作为一种"技术＋业务运营"的新方案，就是在这种数字化驱动的背景下诞生的，并且已经成为现代金融行业发展的风向标。从目前金融行业的发展来看，金融业务的创新直接推动了金融科技的进步，而金融科技的发展也成为推动金融行业蜕变的主要动力。但是金融科技的快速发展也带来一些弊端，比如对用户和企业信息的滥用等网络信息安全问题。随着这些问题的日益凸显，政府、金融行业监管机构、金融机构以及提供科技服务的科技金融公司，都应该开始思考并探究如何来解决这些问题，如何监管基于金融科技的新金融产品及新金融业务模式，从而既能够面向不断变化的市场实现金融科技业务和金融产品的持续创新，又能够在高效及成本可控的情况下实现合规。目前，我们从已有的金融科技实践中看到，因为金融科技的科技创新性，传统的监管措施和方案并不能有效防范金融科技中存在的潜在风险，所以就急需一种新的方案来应对这些问题。在这种背景下，将新兴科技应用于监管领域所形成的监管科技（RegTech）应运而生。

总体来看，监管科技在国外已经得到了广泛应用，在国内则刚刚起步，同时面临着诸多挑战。在这种形势下，中国金融监管者应积极借鉴国际经验，加强多部门监管的沟通协作，完善对网络风险和安全的监管机制，完善合规体系，不断提升监管水平。

9.2 国内外网络风险监管法规

9.2.1 国内网络风险的监管法规与背景

1.关于网络风险的法规及背景

从国家层面来看，2017年6月1日正式实施的《网络安全法》，可以说是在我国金融科技和我国互联网科技双重高速叠加发展之下制定的第一部网络安全领域的基础性法律。

《网络安全法》将对依托网络提供服务的非金融机构和社会各类组织产生深远影响。《网络安全法》在第1章已介绍过，这里不再重复。表9-1罗列了近年来我国颁布的主要网络安全法规。

表9-1　近年来我国颁布的主要网络安全法规（截至2018年4月）

部　门	条　　例
网信办	• 《网络产品和服务安全审查办法（试行）》 • 《网络关键设备和网络安全专用产品目录（第一批）》（联合发布） • 《国家网络安全事件应急预案》 • 《关键信息基础设施安全保护条例（征求意见稿）》 • 《个人信息和重要数据出境安全评估办法（征求意见稿)》
工信部	• 《网络关键设备和网络安全专用产品目录（第一批）》（联合发布） • 《工业控制系统信息安全事件应急管理工作指南》
公安部	• 《公安部网络安全保护条例》（正在制定之中，拟将大数据、云平台、物联网和工控系统纳入其中） • 《网络关键设备和网络安全专用产品目录（第一批）》（联合发布）

(续)

部门	条例
中国人民银行	• 《银行业金融机构信息系统安全保护等级定级的指导意见》 • 《银行计算机安全事件报告管理制度》 • 《关于进一步推进银行业信息安全等级保护工作的通知》 • 《网上银行系统信息安全通用规范》 • 《金融行业信息系统信息安全等级保护实施指引》
原银监会	• 《关于应用安全可控信息技术加强银行业网络安全和信息化建设的指导意见》(银监发〔2014〕39号) • 《银行业应用安全可控信息技术推进指南(2014—2015年度)》(银监办发〔2014〕317号) • 《关于开展2014年度银行业信息技术情况调研的通知》(银监发〔2015〕100号) • 《中国银监会办公厅关于银行业金融机构互联网网站安全专项整治行动有关事项的通知》(银监办发〔2015〕169号) • 《中国银监会办公厅关于开展银行业网络安全风险专项评估治理及配合做好关键信息基础设施网络安全检查工作的通知》(银监办发〔2016〕107号) • 《中国银监会办公厅关于加强网络信息安全与客户信息保护有关事项的通知》(银监办发〔2017〕2号)

我们回到金融行业，从银行业监管层面看，针对银行业中金融机构的网络安全，相关的监管机构也制定与颁布过多个监管指导性文件。这些指导性文件对于银行业的科技信息化战略与方针，特别是涉及科技和网络风险的策略，产生了直接影响。例如前面提到的2014年发布的《关于应用安全可控信息技术加强银行业网络安全和信息化建设的指导意见》(银监发〔2014〕39号)，要求中国境内银行机构的安全可控信息技术使用率在2019年年末必须达到75%，这是一个强制性要求，也是一项监管指标，用于衡量银行业网络安全可控信息技术的有效性和合规性。2017年颁布的《中国银监会办公厅关于加强网络信息安全与客户信息保护有关事项的通知》(银监办发〔2017〕2号)，非常明确地要求所有银行都必须部

署多层次网络安全技术防护体系,并要求对用户和客户的敏感信息进行监管,银行和金融机构必须按期进行自查。

这一系列的指导性文件,非常有效地促进了金融机构构建网络安全整体方案,从安全的组织保障、安全风险的防范制度与流程、网络安全的技术保障以及银行与客户的重要数据防护与保护机制等方面,全面完善了银行的网络安全防范体系,并以此为基础,进一步抵御不断变化的网络风险。

2. 金融行业网络风险的潜在问题分析

尽管从国家层面颁布了相关的法规,从金融行业层面推出了一系列的金融监管文件和通知,但是在应对快速变化的金融市场与金融生态时,从实际操作层面来看,仍显不足,特别是在应对突发性网络风险的时候,仍然存在一些问题。以下几个方面的问题较为突出。

1)在面临整体网络风险时,整个生态链或者生态圈的风险协同性存在问题。这种协同性在监管层面的统筹协同性上体现特别明显,例如金融监管顶层设计的网络风险管控体系对各级金融机构和金融企业的协同性。现行的监管体系或监管法规对互联网企业网络安全管理的要求往往低于成熟度较高的金融机构的自身标准。例如对于用户个人信息的监管,目前国内的普遍情况是用户或者企业的信息广泛存储在金融机构的信息化系统、社交软件、金融科技公司的电商平台或者企业在公有云上搭建的系统之中,金融机构和金融企业普遍面临一天之内遭受多次来自境内外的非法访问。金融企业面临的风险在于,一旦这些用户或者企业信息被非法窃取,不法分子往往首先利用这些信息来攻击金融机构或者金融企业。在这种不利的情形之下,目前金融监管的顶层协同机制还不能形成对金融机构和金融企业的统一协防和处置,金融机构和金融企业只能采取被动式的、救火式的手段对网络风险进行防范、封堵、补救,也就是亡羊补牢。而监管科技能够利用科技手段做到很多具有前瞻性的针对网络风险的事前防范。

2）**相关网络风险防范的法规和文件的标准化、可落地性和可操作性存在问题。**我们以《网络安全法》为例，由于缺乏执行的具体细则，其可操作性非常低，无论是对金融行业还是其他行业，落地的难度都较大。究其原因，在于国家层面缺乏完善的技术标准，行业层面缺乏针对行业及典型企业的具体执行标准。因此，《网络安全法》的统一性和可操作性需要进一步提升，针对不同行业和典型企业的实施细则需要完善。如果国家层面或者行业层面的金融科技技术标准与具体行业监管实施细则能够进一步完善，那么无疑将进一步促进金融机构或者金融科技公司网络风险防范与控制的合规能力的提升。

3）**各级监管部门之间的法规和政策的一致性与标准化程度存在问题。**从宏观层面来看，网信办、公安部、中国人民银行、原银监会等政府与监管部门在这些年都陆续出台了多项关于信息化安全及网络安全的法规、政策及文件。首先我们需要认识到，这种由不同监管部门同时参与管理的情况，在协同进行网络风险整体防范时，有其天然的优势，如能促进行业之间、金融机构与企业之间监管的便利性；但同时我们也必须看到，这种多部门牵头的管理，特别是在未来针对金融生态圈安全的管理，会导致金融机构和企业在防范网络安全的过程中在管理与技术标准方面缺乏统一性，也会导致未来金融科技的数字化技术对接和大数据分析面临数据质量的问题。例如，我们曾关注到某国有银行要进行科技设备采购，该国有银行的总行首先根据公安部发布的相关设备的目录进行寻源，然后再进行设备的采购，并按照要求将网络安全产品或设备下发到各地分支行。而某些基层公安局按照地方整体网络安全的规划与当地已实施的网络安全方案，要求辖区分支行必须购买当地指定产品或设备,否则无法融入本地的网络安全监管方案,这在一定程度上造成了科技发展过程中的管理困难与不一致性问题。

4) **数据方面存在问题**。这是最重要的问题。传统金融企业的主要业务在于管理客户和企业的资金,而未来金融科技下的业务场景会逐步转型到在跨行业的生态圈里管理客户与企业的生活、生产与运营。在这种环境下,针对金融相关数据的产生、转化、收集、加工、交换、分析和使用等环节如何进行监管、管理,用户、企业、金融机构、监管机构之间如何形成互信与基于生态的一体化的安全机制,目前还存在相当大的问题。就目前来看,对于跨行业的网络风险的管理,在标准化、法规和制度方面还不完善;在与网络安全相关的法规与制度中,涉及数据与信息所有权、控制权、使用权、接入权以及转让权等的法律条例还有进一步完善的空间;现有法规在数据管理和规范方面也存在不足,例如针对数据采集、产权归属和数据交易的规则尚待明确。

9.2.2 国际网络风险的监管法规与背景

本节我们聚焦于金融业内处于世界领先水平且成熟度较高的国家、地区和组织,看看它们的监管情况。

1. 美国

在网络风险管理领域,首先需要关注的是美国在 2015 年颁布的《网络安全法》,这部法规详细规范了美国范围内的与联邦网络安全相关的法律、管理与技术要求。其重点在于网络安全的治理,从网络信息安全治理的主体、信息分享的模式、网络安全信息共享的范围、监管的模式与流程、信息的隐私与保护等方面进行了阐述,并进一步对网络威胁指标与防御性措施等具体的管理与技术标准进行了描述,具备相当高的可操作性。

另一个值得关注的法规是美国财政部在 2016 年颁布的《金融

行业网络风险的相关指导意见》。这个指导意见明确要求银行必须在要求的时间范围内上报每一笔金额超 5000 美元所涉及的网络风险相关的事件。

还有一个值得关注的网络风险相关的标准是美国联邦储备系统、联邦存款保险公司和货币监理署联合发布的《针对金融机构和金融公司的网络风险管理标准》。该标准要求从事金融业务的相关企业和机构必须有明确的、可执行的网络安全管理规划和策略，必须制定金融机构和企业的网络安全体系，从公司治理的层面明确规定了公司董事会对整个网络安全风险战略和体系的执行负责。

另外美国的地方法规也有关于网络安全方面的要求，例如 2017 年纽约州的《新金融条例》要求其管辖范围内的金融机构和金融公司必须制定自己的网络安全策略和规划，形成相关的网络安全管理体系，并从公司治理的角度明确指出，由首席信息安全官执行规划并落实体系。该条例还进一步要求，金融机构或者金融公司必须以年为单位提交网络安全的风险审核报告，确保金融机构和金融企业能有效应对网络风险。

2. 欧盟

说完美国，接下来我们看一下欧盟及其成员国在网络风险监管上所做的一些实践和制定的相关策略。早在 2013 年，欧洲议会和欧盟理事会就针对网络安全的监管联合制定了一个面向金融机构的监管条例。该条例的主要目的是从欧盟金融机构实践的视角提出金融机构需要遵从的网络安全管理要求。第一个要求是，所有的金融机构和公司需要设计和构建符合本机构需求的金融风险模型，针对操作风险形成有效的评估与管理机制，风控模型必须覆盖低概率的高等级风险事件；第二个要求是，为了确保金融业务的连续性，金融机构必须制定风险应急反应预案与方案，在发生严重风险事件时，可以有效减少损失并进行前瞻性风险处置。正是通过这种监管条例的推广与实施，欧盟在完善信贷和投资类金融企业的网络安全体系方面走在了前列。

在 2016 年年初，欧盟正式推出了 PSD2，也就是与支付服务相关的法案，要求金融机构建立更为严格的符合欧盟新要求的客户认证机制，以及关于信息通信的新技术标准，要求提供支付服务的金融机构或者金融科技公司按照欧盟的要求构建支付管理框架，控制支付金融风险，特别是要针对金融的操作风险进行管控。该法案还要求银行对第三方支付平台开放相关的用户权限，并形成协同的安全管理机制，针对重大安全事故要进行协同监管。基于该法案，欧洲银行管理局进一步规范了欺诈报告准则，从监管的视角确保所有欧盟成员国步调一致地向欧洲银行管理局和欧洲央行报送标准化的、规范的监管报告。通过以上实践，欧盟加强了对银行和非银行支付业务的网络风险与欺诈风险的管控。

2016 年，欧盟通过了首部网络安全法。该法案针对基础服务运营商、数字服务提供者提出了加强网络安全措施的指导和规范。次年，欧盟委员会发布了《构建欧洲数据经济论述和规范》，将数据生产者的权利从法律的视角纳入网络数据访问的法律框架，并制定了《通用数据保护法规》(General Data Protection Regulation)，也就是著名的 GDPR 法案。该法案明确了对企业数据泄露的处罚，罚款金额最高可达企业年营业额的 4%。对于跨区域的企业，该法案针对数字化信息提出了非常严格的监管措施，其目的在于保护欧盟公民的个人数据权益，赋予数据生产主体知情权、访问权、拒绝权。通过这些实践，欧盟大大加强了金融机构对用户和企业数据所有权、访问权与隐私的保护。

3. 日本

接下来，我们看一下日本。日本于 2015 年专门制定了一个网络安全方面的法规，该法规指导日本的金融机构与网络基础设施运营商形成网络安全风险防范体系，并从监管的角度明确了政府与金融机构在网络安全领域所承担的相关职能。在接下来的2016年，日本国家金融监管机构（JFSA）专门成立了网络安全机构，以进一步加强金融领域的网络安全管控与防范，并定期进行金融行业网络安全的协同演习。JFSA基于该法案，制定了面向金融机构的网络安全监管规范和标准，涵盖了金融机构、金融企业的基础设施领域，并明确了网络风险评估与管理相关的可操作的方法。从安全治理层面，该法案明确了金融机构和金融企业董事会及高级管理层在金融安全体系中的定位和职责。在数据保护领域，该法案明确了机密信息保护的要求和规范，明确了安全风险的脆弱性测试规范，以及面向监管机构的监管报告和报送机制。这些都是值得我们研究和借鉴的领先实践。

4. 国际组织

最后，我们来看一些国际组织在网络安全方面的实践。就目前的互联网发展形势而言，各国际组织普遍认为，网络风险影响了全球金融体系的稳定，并对其构成了系统性威胁，因此，各国政府为了加强金融机构的网络风险应对与恢复能力，普遍采取了监管措施。但是，由于网络风险具有多维度与全球化特征，各国政府与金融机构必须进一步提升网络风险防控能力。因此，各国政府与金融机构应采取协调一致的措施，以应对系统性网络风险。具体的措施如下。

1）国际清算银行支付和市场基础设施委员会（CPMI）于2016年9月组建了网络安全工作组，通过检查全球支付基础设施和通信网络（环球银行金融电讯协会，SWIFT）中存在的安全漏洞，来应对网络支付欺诈风险，以保护银行业支付。

2）二十国集团（G20）财长和央行行长会议于2017年3月出

台公报。该公报提出，金融服务对于国内外金融体系至关重要，而恶意使用信息通信技术可能会破坏金融服务，以至于扰乱市场秩序、危及金融稳定，所以各国金融机构有必要提升网络风险防范能力。

3）金融稳定理事会（FSB）主要研究金融部门网络安全领域的监管方法和指导政策，并于2017年10月就"金融机构如何防范网络风险"给出了一系列的指导意见。

- ❑ 金融机构需积极主动采取具有战略性、前瞻性的网络安全管理策略；
- ❑ 为了达到优化公司治理结构的目的，金融机构应当兼顾商业运作与风险防控；
- ❑ 金融机构应当制定网络风险爆发时恢复工作的相关方案；
- ❑ 金融机构应当能够对外包服务中的数据泄露与稳定性风险等问题有合理的控制及解决方法；
- ❑ 金融机构需要提升监管政策的一致性与跨国监管的协调性；
- ❑ 各个金融机构需要建立相关机制，以实现机构与机构之间、监管部门与机构之间的网络安全信息共享。

4）国际货币基金组织（IMF）于2017年10月发布报告称，网络风险已成为长期影响金融机构与复杂金融系统正常运作的全球性威胁，个别机构遭受网络入侵会引起其他金融机构与非金融机构的连锁反应，并引发系统性风险，各国政府应采取协调一致的措施应对系统性网络风险。在遏制全球性网络金融风险方面，国际清算银行、金融稳定理事会与国际货币基金组织等国际组织可发挥关键性作用。

9.2.3 国际网络安全实践的借鉴意义

上述国家、地区和组织在网络安全方面所采取的措施与办法，无疑将对我国的金融网络安全体系的构建和实施提供很多可以借鉴的内容。

首先，从金融组织架构与治理形态上看，国外较为成熟的市场都有体系化、自上向下层次化的特点。例如美国，从监管机构的视角来看，有财政部、联邦储备系统、联邦存款保险公司、货币监理署以及各级地方州政府的金融安全组织；从被监管的视角来看，金融机构或者金融公司按照监管者的要求，也构建了金融风险管理与实施组织。

其次，从法律法规的视角来看，国外法规的可操作性更高，无论是欧美还是日本，其出台的网络安全法规更为完善，法规中的细则能有效指导金融企业的具体操作。

再次，从金融体系的整体协同性来看，其自上向下的监管者与被监管者之间、不同层次金融机构之间的协同成熟度较高。比如，为了应对全球化的网络风险，要求不同的国家和国际组织采取协同的方式来构建跨域的网络安全体系，为此二十国集团、金融稳定理事会等组织，以及多个国家金融监管机构都建立了合作沟通机制，并在此基础上完善整体的金融安全管理与技术体系，通过这种跨域的沟通与合作，促进不同组织间政策的一致性，有效应对全球化的网络风险。

另外，目前国际上成熟度较高的市场非常注重有关数据的法规及其实施细则，例如上面提到的 GDPR 法案。有关数据的法规和政策每年都在完善，并且与之配套的监管科技日趋成熟，监管者和金融机构能够借助监管科技有效防范数据泄露并保护隐私。例如，欧盟明确了数据生产者、使用者、交易者的权利与责任，也确定了通过科技手段发现并从重处罚金融企业数据的滥用行为，这有效地保护了个人和企业的数据。

最后，从金融机构的视角来看，金融机构通过网络风险防控体系普遍能够构建适合自身要求的方案，构建完善的金融风险框架并明确领导的治理职责，同时安排专人负责相关政策的具体实施，例如任命首席信息安全官、构建网络安全管理和风险防控框架。

9.3 国内外网络安全标准

国际信息安全标准化兴起于20世纪70年代，快速发展于20世纪80年代。本节将简单介绍国际上影响较大的与金融网络安全密切相关的几个主流信息安全标准组织和相关标准，并对我国信息安全标准体系进行简单介绍。

9.3.1 国际信息安全标准

国际上的信息安全标准化组织和标准体系相对健全，发展历史也较为久远。国际影响力较大的标准化组织包括国际标准化组织（ISO）、国际电工委员会（IEC）、国际电信联盟电信标准分局（ITU-T）以及美国国家标准与技术研究院（NIST）。

ISO和IEC联合成立的信息技术委员会（JTC1）是信息技术领域非常活跃的国际标准化组织。该组织内部有专门负责安全技术标准研究的分组织，工作内容涵盖安全评价测试与规范、安全控制与服务、信息安全管控、密码学与安全机制、身份管理与隐私保护等。在JTC1的信息安全标准体系中，标准的构建主要依据标准本身的属性，将不同的标准归属于不同的类（主要包括技术类、管理类和评估类）。不同的标准之间通过其归类的属性或关联关系形成信息安全标准体系。

ITU-T是国际电信联盟管理下的专门制定电信标准的分支机构。ITU-T下主要的信息安全标准研究组织是SG17，该组织历史悠久，以每 3 年为一个研究周期发布信息安全标准，其主要研究分类有基础安全、网络与信息安全、应用安全、身份管理和语言。该组织当前的研究重点是物联网、软件定义网络、生物特征识别、云计算、个人信息保护等。

NIST 隶属于美国商务部下的技术部。其主要职责是通过对测量、标准和技术的研究，推动和促进创新，提升工业竞争力。NIST 的安全研究机构主要包括计算机安全研究室（CSD）和应用网络空间安全研究室（ACD），它们是制定信息安全标准的主要部门。NIST 发布的信息安全标准和文件包括联邦信息处理标准系列（FIPS）、特殊出版物系列（SP）、内部报告系列（IRS）和信息技术实验室安全信函系列（ITLS）。其中，FIPS 多为强制性标准，要求大多数联邦政府部门按照标准的规定执行。值得注意的是，NIST 的云计算、大数据参考架构以及公有云中的安全与隐私指南等标准，对相关国际标准化工作影响深远。

9.3.2 国内信息安全标准

近年来，我国也非常重视信息安全标准建设，信息安全标准体系在国家和行业层面相对完整，目前涉及信息安全标准化工作的组织机构主要是全国信息安全标准化技术委员会和中国通信标准化协会。

全国信息安全标准化技术委员会（简称 TC260）成立于 2002 年，编号为 SAC/TC260。它是国家标准化管理委员会直属的标准委员会，负责全国信息安全技术、安全机制、安全服务、安全管理、安全评估等领域的标准化工作，统一协调申报信息安全国家标准年度计划项目，以及组织国家标准的送审、报批等工作。

为了加强标准体系建设、研究信息安全标准体系，TC260 专门成立了信息安全标准体系与协调工作组（WG1）。WG1 主要负责跟踪国际信息安全标准发展动态，分析国内信息安全标准的应用需求。其制定的信息安全标准体系框架如图9-1所示。由图9-1可以看出，TC260的标准体系框架将信息安全标准分为基础标准、技术与机制、管理标准、评测标准、密码技术、保密技术，这样的划分综合了标准属性和标准研究。

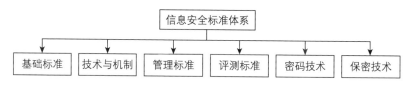

图9-1 信息安全标准体系

中国通信标准化协会（CCSA）成立于2002年，是我国在通信技术领域开展标准化活动的非营利性组织。CCSA下属的TC8（网络与信息安全技术委员会）设置了有线网络与信息安全、无线网络与信息安全、安全管理、安全基础设施4个工作组，专门从事面向公众服务的互联网、通信网络（包括特殊通信领域信息安全）行业标准化研究。CCSA TC8同样重视标准体系研究，其制定的网络与信息安全标准体系框架如图9-2所示。由图9-2可以看出，CCSA TC8的标准体系框架将标准研究内容作为分类维度，延续了电信网络分层体系思维，有着明显的电信网络技术特点。

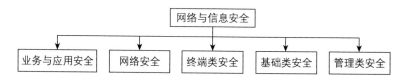

图9-2 网络与信息安全标准体系框架

9.4 重点领域的监管合规思路

9.4.1 全球化的网络安全合规

随着金融科技的发展,全球化的金融市场与金融业务的发展带来了新的金融风险,这些风险严重威胁着金融体系的健康发展。如何建立有效的网络安全方案是全世界范围内各级监管机构、各行业金融机构及金融公司面临的主要挑战。与此同时,越来越多的中国金融机构和金融企业逐步走向世界,在中国金融企业出海的过程中,面临着必须符合不同国家和国际组织不同监管法规的要求,中国金融企业如何应对这种挑战,成为必须面对的问题。

从中国金融机构和金融公司的实际情况来看,绝大部分金融机构和公司已经形成了应对网络安全风险的管理体系和技术方案,但大部分企业的管理体系和技术方案缺乏敏捷性,少部分虽具有敏捷性,但成本过高。随着法规的演进和金融业务的全球化拓展,中国企业必须形成一套有效、高效、灵活、可操作的控制框架来应对全球化的法规变化。通过多年的实践,我们总结出一套应对不同法规且监管合规的控制框架。

尽管不同的法规看上去差异性非常大,但我们通过对不同法规的细节不断进行对比,抽象出许多相同之处。在这个过程中我们得到许多经验,在对这些经验进行方法化、标准化和技术固化后,最终得到一套监管合规框架。因为本书不是专注于监管合规的图书,所以这里仅会简要介绍框架中的一些监管合规的思路。

1. 法规分析:相似性远大于异构性

首先,我们发现,全球化法规因为具有相似性,所以监管合规的挑战是可以管理的,对不同国际区域、国家和国际组织的信息化网络安全法规的相似性进行分析和方案设计,可有效降低合规方案的复杂性并提高应对快速变化环境的灵活性。通过实践我们发现，绝大部分的网络安全法规会聚焦到相似的风险类型和安全性脆弱的管控点上，并以此为出发点要求企业实施相似的安全防范和管理举措。比较典型的步骤是，在规划阶段开始用基于风险的控制框架来梳理不同的网络安全威胁并形成不同安全风险下的安全策略；在方案建设阶段实施相应的网络安全方案来有效应对安全威胁；在运营阶段基于前两步的安全策略和安全风险方案，建立企业级的治理结构，落实网络安全方案的责任归属，识别需要进行安全控制的信息化系统，监控有安全监管需求的信息系统，实施安全突发事件应急机制，建立突发事件处理流程，明确事件升级后的应对组织及相关的应急反应时间，定期围绕网络安全方案进行应急演练。

其次，许多新网络法规是从比较成熟的行业法规处借鉴而来的，这使得很多网络安全的主题和原则具有跨行业和地区的通用性。因此，企业在制定合规方案时，可以借鉴同行业头部企业或者其他行业领先企业的相关经验。

同时，很多法规制定者借鉴了大量的行业实践经验，比如其他企业面临的挑战、需求和约束条件等，以更好地制定自己需要的法规。另外，法规制定者也会因地制宜地根据自身的需求和判断，对法规进行优化与调整。

最后，法规一般会和已有的或者正在发展中但相对成熟的业界标准进行集成并保持一致，例如与 NIST 或 ISO 的法规集成。

2. 银行业网络安全法规相似度的典型分析

早期对法规的相似性进行分析时以专业化的团队为主，团队中一般会包括技术专家、金融安全专家及法律专家，但是由于法规的种类多且数量大，分析的过程往往耗时很长、成本极高。后期我们开始基于前期通过人工标注得到的巨大样本，利用文本分析＋深度神经网络等数据分析技术进行相似性分析，这大大加快了整个分析的进程。

在全球范围内，不同的国家和地区已经建立起各自不同的与银行业相关的网络安全法规。本节将以 3 个业界著名的法规（MAS TRM 664、ANPR、23NYCRR 5003）以及一个业界的标准（NIST 信息安全标准）为基准，展示通过梳理不同法规和标准内隐含的相似性制定全球化合规方案的过程。

MAS TRM 664 法规指的是新加坡制定的《技术风险管理通知》，这个法规适用于新加坡各银行。ANPR 法规是美国制定的信息安全标准，资产规模在 500 亿美元以上的机构和公司都必须遵循该法规。23NYCRR 5003 法规是由美国纽约州金融服务部（NYDFS）制定的网络安全法规，这个法规要求关联企业之间必须构建网络安全方案，以确保信息系统的安全性、集成性和可用性。NIST 信息安全标准是我们前面提过的国际标准，是一个综合性的网络安全框架，用以提升关键基础架构网络安全的标准化。

针对这 3 个法规和 1 个国际标准，我们将系统分类、治理需求、网络风险监控、恢复事件指标、突发事件管理和安全事件定义作为样本维度，进行了相似性聚类分析。表 9-2 所示是以类为单位高度浓缩的一个样例。

表 9-2　全球银行业网络安全法规和标准样例

需求	法规			标准
	MAS TRM 664	ANPR	23NYCRR 5003	NIST 信息安全标准
系统分类				
治理需求				
网络风险监控		斜线底纹		
恢复事件指标（RTO）	斜线底纹			
突发事件管理				
安全事件定义				

注：无底纹 = 没有明确的要求
　　斜线底纹 = 有明确的要求，除与其他法规的共同点外还有特定要求
　　灰色底纹 = 与其他法规或标准要求类似

从表 9-2 中可以看出，尽管不同的法规对类似内容常使用不同的名词和定义，但在实践中，绝大部分深层次需求是相似的，可以用类似的方案来解决。比如，对于"信息系统的分类"，每个法规的制定者针对法规需要管控的内容都制定了系统的分类方法。系统分类问题聚焦于法规制定者试图化解的、在特定领域的风险，而对系统的定义是进行分类和化解风险的关键。

我们先看一下各个法规和标准对"系统"的定义。MAS TRM 664 将系统定义为一种"关键系统"，这种系统的失败将导致"银行运营或者银行提供给客户的服务明显中断。硬件、软件、网络或者其他信息技术（IT）组件都是系统的组成部分"。ANPR 将系统描述为"客户信息系统"，具体指任何用以访问、收集、存储、使用、转移、保护或消费客户信息的方法。23NYCRR 5003 则定义系统为"一整套的信息资源，用以收集、处理、维护、使用、共享电子信息，同时也包含周边的控制系统、通信网关系统、信息交换系统和环境控制系统"。

在这个样例里，3 种法规对系统的定义各异，金融机构和公司也许需要用不同的方式来满足不同的分类标准，包括使用监控和报表来满足需求，使用相关的系统等。企业也许还需要优化相关的定义来满足监管的需求。但是通过深层次比对发现，这些定义存在差别的原因在于针对不同风险领域定义的聚焦点不同。如果以信息化系统的网络风险为抓手来重新梳理这些定义，就会发现这些定义的相似性，甚至发现相关法规的不完整性，最终会发现在系统分类上的普适性。通过具体分析，我们将大大提升不同法规之间的相似性，为形成网络风险合规方案打下坚实的基础。

同时，我们通过仔细比对发现，在突发事件的管理上，MAS TRM 664 和 23NY CRR 5003 这两种法规的不一致性较小。MAS TRM 664 的描述是"银行应该确保核心关键系统的 RTO（最小恢复时间目标）短于 4 小时。从中断的视角看，RTO 是系统必须恢复的时间周期。银行必须每 12 个月进行一次灾备演练以进行验证并记录在案"。23NYCRR 5003 的描述是"作为网络安全方案，针对网络安全事件造成的信息泄露、可用性等信息系统安全问题，每个安全范围内的实体必须建立突发事件应急机制，提升对应急事件的反应速度，确保系统在突发事件发生后的快速恢复"。在突发事件管理这个领域，我们发现需求基本是一致的，但也有少数不同。在这种情况下，绝大部分需求成为公共的默认需求，少数不同的需求需要特殊处理。

这里只介绍了 3 种法规的相似性，其实在世界各地不同的法规里都能找到相似性，如果视角转向银行业外的其他行业，例如保险业和健康医疗业，也能找到类似的相似性。我们的结论是：全球化法规具有的相似性比异构性重要得多。

3. 监管合规的思路

通过上述分析我们可以看到，纷繁复杂的各类法规还是具有相似性的，且相似性远大于异构性。在这种情况下，监管合规方案的敏捷性和灵活性就成为未来应对全球化合规的关键点。

我们应从全球化的视角来理解和分析网络安全法规，构建全球化的网络安全策略和规划，提升合规方案的有效性、一致性和敏捷性，以分析金融业务运营过程中的网络安全法规需求为抓手，构建全球化的框架，梳理不同法规的相似性特征。一旦满足了具有相似性的法规的合规需求，就可以把关注点放到满足剩下的具有特殊性的法规的需求上。

从借力业界标准的角度来看，首先是弥补法规监管要求缺失的细节。因为大部分法规是向已有标准（例如 NIST 信息安全标准）靠拢或者与其一致的，因此这些标准将成为合规的有效抓手。特别是当一些法规还在制定或者演进过程中，而企业又必须构建有效的合规方案的时候，业界标准将会是一个很好的准备方案的起点，并能够为现有法规中缺失的很多细节的制定提供参考。例如 NYDFS 的网络安全法规里要求进行风险评估，但法规里并没有说明如何进行评估。企业这时候就可以从行业标准，例如 NIST 信息安全标准中找到相关细节，以达到满足 NYDFS 的合规要求。

其次是帮助分析和梳理不同法规的相似性。已建立的标准能够作为一个基准，帮助企业梳理不同的法规之间的相似性特征。在实践操作中，已经有很多的企业和机构积极主动地致力于将不同的法规与业界标准进行映射和整理。在很多我们看到的案例里，都是致力于将法规与 NIST 框架进行映射的。

从网络安全人才的视角来看，使企业经营符合网络安全法规要求的过程，无论是在技术上还是在法规上，都是一个需要专家级经验的过程。目前，很多企业已经构建了一些新的以技术为抓手的合规新功能，很多类似的企业正在逐步完善合规组织和关键人才的建设，但是在处理复杂网络安全合规问题的能力方面，仍然有明显不足。特别是在进行网络安全合规的早期阶段，需要有专业化的人才队伍制定全球化的合规框架、策略和规划。若在这个阶段出现方向性错误，那么将导致后续实施合规方案时出现严重的路线问题。

从积极参与法规和标准制定的角度来看，公司需要积极参与正在进行中的法规制定工作，通过各种方式来影响法规制定者，以便让企业的合规策略在后期实施过程中处于有利位置。

从监管合规的技术层面来看，需要非常重视监管科技在监管合规中所起到的作用。我们前面也提到了，国际上在监管合规的实践中，已经在法规分析等领域使用了深度学习等人工智能技术。

全球化的网络安全法规的合规看上去极其复杂并具有挑战性，但只要策略得当，其复杂性是完全可以得到控制和管理的。不同的法规之间看上去差异性相当大，但通过实践积累和分析，我们发现大量的法规之间具有的相似性特征非常多。利用这些相似性特征可以大大简化合规方案的实施和后续运营流程。只要有效地利用专业的经验制定网络安全合规的策略，我们就能构建出有效、一致、灵活和敏捷的网络安全合规方案。

9.4.2 GDPR下的数据安全体系

1. GDPR合规背景和原则

我们需要先理解GDPR产生的背景和动机。欧盟推出GDPR的目的有三个：一是确保所有欧盟成员国更有力地保护个人数据，协调不同国家关于数据保护的法律，以确保欧洲数字市场的发展；二是在网络风险方面，随着欧盟内部受到的网络攻击日益增加，欧盟要求对敏感数据和数据主体进行更高水平的保护，以降低网络攻击的风险，减少盗窃或损坏个人数据与信息的可能性；三是加强个人数据处理的保密性，特别是在网上服务和新技术方面，比如随着云计算技术的发展，每年企业和个人在云计算平台上存储的数据急剧增加，基于这些数据出现的分析和存储等相关新技术所引发的监管问题日益严重。

我们在解读GDPR后发现几个关键点：一是出现了针对数据主体的增强权利，如透明度权利、被遗忘的权利、数据的可移植性权利；二是规定了新的义务并加强了问责制，主要针对负责处理数据的个人；三是增加对违反数据安全行为的处罚制度，包括行政罚款（2000万欧元至年营业总额的4%），对成员国则有可能实施刑事处罚，目的是促进各方遵守经核准的行为守则；四是建立欧洲数据保护委员会；五是明确GDPR适用于居住在欧盟境内的所有个人，无论处理过程是在欧盟境内还是在欧盟境外进行。

最后，我们总结出GDPR的基础性原则，主要包括以下几个方面。

- **同意条件原则**：有权以与其他事项明显不同的方式，以易懂的形式，使用明确的语言接受同意请求。有在任何时候撤回同意的权利，且应与给予同意一样容易；履行合同时，包括提供服务时，有免费接受同意请求的权利；监管机构有义务证明所取得的处理个人资料的授权是合法的；对于索取信息服务的未成年人，只有在年满16岁的情况下才有可能获得同意，且这种同意是由父母或其他责任人给予或授权的。
- **透明度权利原则**：有权以简明、透明、易懂和易于获取的形式获得有关主体权利行使情况的信息（特别是针对未成年人的信息）。
- **知情和获得数据的权利原则**：有权以常用格式获取个人数据及其处理信息，特别是获取目的、数据主题类别、保存期限、是否有任何第三方参与以及是否存在自动决策等信息，包括特征分析信息。
- **数据可移植性权利原则**：管制员有权以结构化的格式接收个人资料，并有权将这些资料传送给另一名管制员，而不受原管制员的影响。在技术可行的情况下，这项权利还可延伸到从一名管制员向另一名管制员直接传送个人数据。
- **反对权原则**：有权以与所涉对象的特殊情况有关的理由反对处理个人数据，包括进行特征分析。有反对以直接推销为目的处理个人资料的权利，包括对个人资料进行分析。
- **不接受自动处理结果的权利原则**：拥有不受制于完全基于自动处理（包括特征分析）做出决定的权利，尤其是在这种决定会对个人产生法律效力或重大影响（如自动拒绝网上信贷申请）的情况下。在当事人明确同意的情况下，或在完成、执行合同所必需的情况下，不适用该权利。

❑ **问责制原则**：适用于与个人隐私信息处理相关的原则。问责制原则要求由监管机构进行审查，确认被监管方能够履行并遵守相关的法规，尤其关注被监管方所使用的信息化技术，以及与网络安全相关的流程与组织等。对于监管合规的具体举措，监管机构有广泛的裁量权，能够对被监管机构的合规技术方案、合规所需流程、所涉相关组织、合规相关制度等进行指导，甚至采取强制性措施。

❑ **数据破坏通知原则**：有义务立即（72 小时内）将个人资料可能泄露的情况通知管制当局，不得无故拖延；当个人数据泄露可能对自然人的权利和自由构成高度威胁时，有义务尽快通知数据主体，不得随意拖延。

❑ **数据保护影响评估原则**：在业务流程和支持 IT 工具的设计阶段应进行数据保护影响评估（DPIA），因为只要是针对个人数据进行处理，那么就其范围和目的而言，就意味着对数据主体在权利和自由方面存在潜在风险。评估必须包括对风险的评估和对保护个人资料安全措施的评估。

❑ **设计数据隐私原则**：在确定处理手段时，有义务通过适当的技术和措施（例如使用假名）对数据进行保护。

❑ **默认情况下的数据隐私原则**：有义务采取适当的技术和措施，确保在默认情况下只处理为达到某一具体处理目的而涉及的个人数据；有义务确保在没有个人干预的情况下，个人数据不被无限多的自然人获取。

2. 如何基于 GDPR 建立数据合规体系

基于 GDPR 建立数据合规体系主要需要关注两个层面：宏观层面（规划与设计层面）、微观层面（操作层面）。

宏观层面包括数据的核查，企业收集和处理的个人信息的种类，数据处理的目的、范围、方式，以及是否向第三方进行披露等内容。当我们进行数据核查时，首先需要与 IT 部门、安全部门密切合作，了解有什么数据。建议在可能的条件下，让公司的法务部门参与进来，全面了解收集这些数据的目的、必要性和用途，这样能有效降低数据合规的风险。其次需要明确公司各部门和相关责任人的职责。另外需要管理好供应商，对所有可能分享用户个人信息的供应商进行严格管理，防止供应商在个人信息保护上存在的短板造成企业作为数据控制者承担相应的责任。最后需要建立跨境的数据传输和评估机制，核实使用信息的位置是否在境外。对于境内使用的信息系统，也需要核实是否有境外的访问需求。在对信息进行充分了解的情况下，对数据进行专业化的安全分类，然后采取相应的管理和技术手段对数据进行相应保护，如果涉及数据跨境的情况，则必须建立跨境的数据分享机制，并进行数据跨境评估。最后，对整个体系按照不断变化的法律法规进行评估并不断修正，以确保数据合规体系的有效性和高效性。

微观层面，需要从数据安全运营和数据安全能力建设两个方面来谈。

1）数据安全运营方面先要做好监控与数据安全事件的探测工作，确定或修订处理个人资料所涉系统的范围，以便进行监测；修订和构建能够发现事件的监测系统；修订事件管理流程；在数据泄露的流程设计与风险评估方面，设计和修订数据泄露程序，以确定应对数据泄露的规则、责任和程序；根据风险管理和安全计划，设计和实施风险评估方法，以确定数据被泄露后对有关自然人的影响；确定阈值和风险程度，以确定不同类别的数据被破坏后会产生的影响；在数据安全事件的上报与通知方面，定义在数据泄露情况下使用的通知程序和模板；设计数据泄露时向控制当局发送通报的程序；设计数据泄露情况下对相关自然人发送通知的程序。

2）在数据安全能力的建设方面，对于应用程序和 IT 系统，需制定数据删除程序，以满足数据保留需要；使用应用程序时应配有数据加密和数据屏蔽技术；启用对数据访问和请求的跟踪，以保证实时监测；提高应用程序的弹性，保护设计中的代码和设计中的隐私；在数据保护方面，需要开启数据与信息自发现工具，以识别个人资料并按隐私敏感度将其分类；在数据访问安全方面，应通过企业体系结构安全、数据丢失预防和信息需求管理解决方案来加强对数据的保护，审查并实施数据破坏流程；在数据主题权限解决方案方面，需着重评估和审查同意程序和信息程序，以便对数据主体的合理请求做出响应；通过评估应用程序来评估当前的安全状况和对数据隐私要求的遵从性，制定资料删除和资料携带程序，以满足资料当事人的要求（如被遗忘的权限）。

9.5　完善网络风险监管的工作思路

对于我国金融企业来说，应有时刻完善网络风险监管策略的意识。完善监管策略的思路如下。

1）当前，随着金融业务国际化和金融科技的迅猛发展，银行业与互联网行业的联系日益紧密，金融科技在金融行业中的应用也越来越多，随之而来的是，网络风险对于银行业与金融体系的安全的影响也日益显著。在这种情形下，监管者之间、金融机构之间、金融机构与用户之间的整体生态的协同显得尤为重要。我们需要积极借鉴国际上的经验，加强各个金融机构之间、监管者之间、金融机构与用户之间在应对网络风险方面的沟通与协同，从而推动银行业金融机构积极贯彻落实国际网络、信息安全政策，完善网络风险综合治理体系，不断提升网络风险治理水平。

2）借鉴国际经验、推进网络安全的管理与技术标准化体系建设十分重要，需要构建可操作性强、敏捷性强、实用性强、可配置、可管理的信息安全标准体系框架。我们应当参考国际机构与组织的标准，加快推动出台我国网络安全技术标准与行业规范指导意见。对于国际上的完善的、高效的网络安全技术标准，我们应当加以参考，制定适应国内实际情况的网络安全技术审查标准。按照通用型框架的模式，构建以云计算、大数据、工业互联网等为代表的新兴领域标准体系框架，这样不仅可以清晰地展现不同领域的标准体系框架的特点，还可以对单个标准体系框架规模进行有效控制，从而达到解决实用性问题的目的。

3）提升网络风险监管能力是关键点。需要借助监管科技的关键技术（人工智能中的深度学习、云计算等技术）来提升网络分析中的前瞻性分析能力。针对网络安全风险的设备与应用系统，构建动态关联的等级保护制度。针对网络安全领域内涉及的基础设备（诸如网络、存储器、服务器、云端设备、软件定义的设备）和软件系统（诸如操作系统、容器、数据库、平台系统、服务系统等），按照核心关联度、系统重要程度等指标将它们分为若干级别，然后根据重要性和风险程度的不同，尝试对它们采取差异化的监管措施。另外，银行业金融机构的用户数据、系统数据与业务数据也存在性质差异，我们可以根据国际、国内的法规要求以及它们的重要性与保密等级设立不同的网络数据安全等级，并进一步厘清这些数据与系统设备及软件应用模块的映射关系，从而设定差异化的网络数据安全监管目标。利用基于大数据、云计算、区块链等新型技术的监管科技，监管部门与金融机构能够实时、动态、前瞻地监控网络风险，能够构建覆盖银行业金融机构的应对动态大数据网络风险的智能评估系统。

4）强化个人信息保护力度，完善重点金融行业和重点金融企业的数据治理体系，构建符合中国实际需求的数据合规体系，如我们前面提到的从宏观和微观层面来构建整体的数据合规体系，最终加大对客户身份信息、账户交易数据等重要数据的保护力度，全面、严格评估客户敏感数据全生命周期的安全风险。

5）要完成上述这些工作，人才是必不可少的，所以必须加强网络风险监管方面的人才建设，打造一支兼通监管、金融科技与网络安全知识的人才队伍。

9.6 小结

现如今，数字技术飞速发展，从人工智能到加密技术，这一切正在颠覆金融业发展的格局，数字技术的高速发展为消费者、金融机构以及监管机构创造了机遇，同时也带来了挑战。

金融科技的发展，提高了金融业的效率，使其能够提供更好、更有针对性的产品和服务，并且可以深化发展中国家的普惠金融事业。但同时，新科技的快速发展也可能引发金融业出现无法预期的新情况乃至新风险。因此，作为金融业的监管者，应当审慎地平衡金融效率和稳定性的关系，在确保金融科技最大程度发挥潜力的同时，将其可能产生的网络风险降到最低。

本章总结了新的网络风险带来的监管挑战、国内外现有的网络安全方面的法规和标准，还分享了有效利用业界的标准和实践制定全球化的合规方案、利用监管科技提升监管能力及完善网络风险监管的工作思路，为未来的网络风险监管提供了有益的借鉴。

第 10 章 CHAPTER 10
金融科技发展展望

本章将分析以下几个问题：
- 金融科技安全面临的威胁的发展趋势是什么？
- 新的法律法规、监管政策的影响有哪些？
- 如何用新的架构来保证安全？
- CARTA 是如何平衡风险和信任的？

10.1 威胁的发展趋势和应对之道

本章我们来展望一下金融科技安全的未来，尝试从技术、金融科技、监管政策、外部环境等方面对金融科技安全发展趋势进行研判，看看这些因素将如何影响金融科技安全，并对业界目前应对的方法论进行阐述。

美国著名的科技咨询公司埃森哲于2019年10月发布了未来金融行业的关键安全威胁趋势报告（后面简称"报告"），其中涉及的威胁是多阶段、多方攻击的基础，这些攻击可能引发金融服务领域新一波极端网络攻击。报告中结合较早和当前的形势描述了每种威胁，判断了它们在未来如何发展，并探索了凭证和身份盗用、数据盗窃和操纵、破坏性恶意软件以及新兴技术（如区块链、加密货币、人工智能等）带来的威胁。

报告中，埃森哲再次强调了信任是推动数字经济的动力，信任可以增强组织的地位并带来新的盈利机会和机遇。这也巩固了金融行业的地位。金融机构面临的网络威胁随着时间的推移而发展，攻击方通过精心策划的多阶段网络攻击侵蚀了公众对金融机构的信任。金融机构必须不断重新评估广泛的、针对金融部门的网络威胁，以维持网络的强壮性。

10.1.1 凭证和身份盗用

在凭证和身份盗用方面,埃森哲发现非法使用企业凭证和消费者金融数据的频率和规模继续增长。随着形势的变化,攻击可能会使用全新的方式——利用数据开展多方访问和网络攻击。

无论安全意识的成熟度如何,社会工程攻击一直是安全的头号威胁。大多数组织遭受的复杂的网络钓鱼和其他类型的社会工程攻击越来越多。"人"仍然是网络安全管理中的薄弱环节,社会工程攻击最主要、最直接的攻击对象通常是客户、员工和其他第三方凭证。社会工程攻击通常通过账户接管(ATO)和综合身份欺诈等手段来完成。

埃森哲发现,2018 年,所有行业的违规事件中,有超过 43 000 次涉及使用受僵尸网络感染的客户凭证。以经济窃取为动机的攻击者常使用 ATO、电汇欺诈、支票欺诈、卡欺诈等欺诈手段窃取资金。针对消费者的欺诈事件每年都在增多,这推动了攻击手段从伪造卡向身份盗用和合成身份欺诈转变。网络犯罪分子使用受感染的凭证来快速搜集用户个人资料。这些凭证很容易通过非法渠道以较低的价格大量对外出售。

另外,凭证盗用是企业网络中一个正在快速扩大的威胁,这里所说的凭证包含电子邮件地址和登录凭据、类似证书的系统凭证以及第三方和雇员用来进行身份验证的其他形式的身份证明。埃森哲发现,被使用的受侵害的凭证的数量在持续增加。美国监管机构警告金融机构,必须及时了解不断变化的攻击手法、策略(做什么)、技术(采用什么技术)和程序(攻击步骤)。一般来说,盗窃企业凭证是有针对性的。攻击者经常通过社交媒体和新闻渠道对目标进行大范围侦察。一旦攻击者确定了具有访问关键数据凭证的特定用户,他们就会进行网络钓鱼活动并创建伪造的网站以收集个人凭证。

盗窃公司凭证时使用的电子邮件诱饵和假冒站点通常比盗窃消费者凭证时使用的要复杂得多。成功破坏访问控制措施后,攻击者会采取各种回避措施,以便继续使用凭证。目前已经观察到攻击者使用的方式有修改权限、添加或更改权限组、修改账户设置或修改身份验证的方式。此类操作中包括旨在破坏账户活动的策略。

近年来,一些恶意攻击者获取大量客户或公司凭证,并大肆滥用。特别是特权凭证滥用(可以访问金融机构或金融服务组织内的关键流程和数据),这是组织性犯罪最常用的策略之一。

在威胁日益复杂的形势下,对访问凭证缺乏管理可能会进一步为影响金融服务的复杂网络攻击提供机会。

遭到攻击的员工及第三方凭证、被盗的系统凭证可能会提供对受信任的内部系统的初始访问权限,使攻击者能够获取和使用系统管理员级别的访问权限来获取机密信息,甚至修改和破坏信息系统或数据。

如果攻击者滥用凭证,利用勒索软件、破坏性恶意软件、虚假信息、高额欺诈等攻击手段,可能会造成更为严重的损失。也有攻击者利用企业网络访问上的漏洞,通过受损的凭证同时访问多个关键实体,进一步影响金融部门间的协作能力,进而挑战网络的强壮性。

10.1.2 数据盗窃和操纵

报告认为,在动机方面,资源丰富的攻击方可能会将攻击方式演变为操纵数据以获取财产收益,同时破坏金融市场的稳定。数据是金融机构最重要的资产。维持数据的可用性和完整性对全球金融市场来讲至关重要。因为数据有着如此关键的作用,所以很容易成为恶意攻击者的主要目标。在网络犯罪中,数据泄露是一个长期存在的威胁,犯罪组织可以通过地下黑市或内部交易将重要的非公开信息转化为高额收益，这会进一步刺激攻击者针对金融机构、技术服务提供商进行攻击。

在攻击目标方面，金融监管机构由于自身收集了大量高价值的商业金融机构的数据，也可能成为攻击目标。2016年，攻击者从美国证券交易委员会EDGAR系统中提取文件并对数据进行了未知金额的交易。2017年，攻击者将波兰的金融监管机构作为目标，窃取了波兰多家银行的数据。在首次公开募股（IPO）或大型合并等金融活动中，参与活动的利益攸关方出于不同的动机，可能会将金融机构所持有的数据作为寻找竞争情报的来源。

随着网络威胁的发展，攻击方可能会改变攻击策略，比如将攻击重点从数据盗窃转移到战略性的数据操纵。与大多数数据盗窃或勒索性攻击不同，数据操纵行为很难被发现。如今的业务比以往任何时候都更依赖数据，不正确或者被篡改的信息有可能对金融机构的计划、运营和发展等造成潜在且深远的影响。目前，越来越多的金融科技开始利用自主的、由数据驱动的、类似"智能风控"的决策系统，如果企业缺乏相关安全意识，比如决策系统能被操纵，攻击方就可能会通过对这些自主过程的操纵来影响决策。

报告指出，未来可能会出现以网络化、组织化运营的方式更改或操纵数据的活动，而不是简单地删除或破坏。如果资源高度丰富的金融企业被操纵或关键数据集被非法访问，就可能破坏人们对企业的信任。如果监管机构、企业高层、投资者或其他人无法信任所收到的信息，那他们的决策的质量和效率将无法保证。

在资本市场领域也存在很大风险。一方面，股票和电子期货合约中的大多数交易决策是由算法决定的，算法定义了交易的地点、价格。历史上曾经发生过金融机构的内部人员恶意窃取该类交易算法代码的情况，目的是获取交易模型加密密钥的凭证。金融机构的关键知识产权（例如算法交易代码的产权）在提升数据威胁格局方面可能发挥核心作用。另一方面，资产交易的全球化以及支持高频交易的超快速发展的信息技术的出现，还有互联通信技术的出现，使人类无法有效地参与常规的底层决策过程。这种趋势可能会使攻击手段演变为对这些算法的更改，其中包括一些难以被识别的微小异常。这些微小异常会逐渐累积，最终导致算法变得不稳定，从而导致极端甚至灾难性的后果，正所谓"千里之堤，溃于蚁穴"。金融机构应该考虑通过监控手段及早发现问题，并通过变更威胁情报的对策来对抗数据操纵行为。

10.1.3 破坏性恶意软件

埃森哲在对破坏性恶意软件进行研究后指出，业务中断的损失包括降低员工工作效率和发生网络攻击后业务流程出现故障这两大部分。2018年，由勒索软件造成的财务损失同比增加了21%。勒索软件对金融系统的攻击危害超过了木马，这一趋势预计在不久的将来还会继续。

使用勒索软件的攻击者可能会同时采取电汇欺诈、自动清算欺诈、木马等方式攻击银行的消费者和商业客户。为了降低这些攻击造成的损失，金融机构应全面且动态地考虑威胁，而不是孤立、静态地查看每个特定的攻击。随着时间的推移，将来的攻击手法会不断发展。金融机构应更好地预测特定的漏洞，因为攻击者的攻击手法的一项关键进步就是能够通过部署具有逃避检测能力的破坏性恶意软件，来删除包括用于监视可疑活动在内的日志数据。攻击者的恶意软件、工具或其他活动通常会留下痕迹，以表明攻击过程和方式。一些攻击者已将这些攻击手法纳入了专门针对金融机构的攻击中。随着这类活动的针对性不断提高，攻击者可能会采取行动，通过对系统进行加密和文件销毁等的控制，破坏支持核心金融服务的关键系统。

诸多新金融机构可能还会面临这样的情况：攻击者在被发现后利用破坏性恶意软件和分布式拒绝服务（DDoS）来创建烟幕，以求绕过金融机构的防御再次进行攻击。

10.1.4　新兴技术是一把双刃剑

由于在资源上具有优势，金融机构通常会在业务流程中采用新技术。比如近期金融机构对区块链技术的探索，期望实现实时的多方交易，同时提高透明度和实现即时审计跟踪。然而，新技术通常会暴露安全方面或业务流程中的漏洞。随着加密资产和分布式账本技术的发展，金融机构和政策制定者正在努力了解如何在管理潜在风险的同时更好地利用这些技术。

当今金融服务行业中讨论最多的技术之一是区块链技术，它能使银行更快、更准确地处理付款，同时降低交易处理成本。攻击者很可能已经瞄准了区块链交易。安全社区的研究人员已经模拟了针对主要金融机构正在开发的基于类似超级账本框架（IBM HyperLedger）的攻击。随着企业继续探索区块链在该行业的应用，并与第三方服务提供商合作将产品推向市场，攻击者可能会继续寻找机会。

但是，以超级账本及其衍生支付解决方案为攻击目标，远非攻击者首次涉足加密货币和区块链领域。数年来，为获取收益，攻击者一直使用加密货币作为勒索活动中的洗钱手段，甚至要求被勒索对象以加密货币作为赎金。

人们普遍认为，技术及其带来的网络犯罪发展如此之快，以至于执法无法跟上。资深执法人员估计，2019年仅在欧洲，犯罪分子就用加密货币对42亿美元至56亿美元黑钱进行了洗白操作。埃森哲安全部门观察到，攻击者会提供加密货币"混合"服务，使用户能够在交换比特币和其他加密货币时隐藏身份。这些洗钱服务似乎已成功地转移了被盗的数字货币，同时保护了犯罪集团的匿名性。

区块链和加密货币方面的另一威胁是区块链重组。2019年年初首次发现有恶意攻击者使用区块链重组。在被称为"51%攻击"的情况下，攻击者通过劫持超过50%的区块链偷走了价值近110万美元的以太币。攻击者通过"出售"以太币来换取现金，他们还会重写区块链以窃取加密货币。

随着2018年加密货币价格的上涨，黑客将目光投向了加密劫持，即在受感染机器上挖矿（攻击者恶意利用第三方计算资源挖矿牟利）。金融服务公司应继续跟踪针对公司网络的加密劫持攻击手段的发展态势，以保护自身宝贵的计算资源和服务交付能力。

除区块链外，人工智能（AI）是另一种为金融科技带来巨大机遇的技术。许多机构正在将AI技术纳入其业务流程中，以提高工作效率，改善决策制定流程并提供更好的客户体验。尽管面向AI的攻击刚刚出现，但未来的安全策略仍应考虑对抗性AI，重点是设计自适应、灵活的建模结构并加强对抗，引入对抗性操纵。

埃森哲利用机器学习模型发现了越来越多的对抗性攻击。这种攻击可能会与金融服务公司面临的威胁数量一起成倍增加。随着攻击者通过AI和机器学习获得效率方面的提升，其恶意活动的投资回报可能也会增加。自主目标侦察和利用漏洞的能力可以帮助攻击者缩短攻击时间。对抗性AI会对验证数据及其完整性产生威胁，从而盗窃数据，或操纵、伪造数据，破坏机构之间的信任基础。

10.1.5　虚假信息

根据埃森哲安全服务旗下机构iDefense的报告，进入21世纪以后，虚假信息的危害越来越大。

精心策划的虚假宣传活动可能会对品牌声誉、特定市场甚至市场稳定性造成严重影响。金融机构应通过加强舆情管理有效控制虚假信息的发布。

10.1.6 供应链安全

2016 年华为发布了《全球网络安全挑战：解决供应链风险，正当其时》白皮书。该白皮书不仅将全球供应链风险列为公司需要面对的最大的网络安全风险之一，阐述了关注供应链风险的初衷；组织和消费者需要充分利用全球供应链中的信息和通信技术。供应链风险管理并不只是为了确保产品和服务因需而达，还是一种产品生命周期管理方法，能减少产品被恶意篡改的风险，能减少产品被伪造或包含伪造部件并被恶意利用的风险。

在合规管理和供应链安全方面华为做得相当出色，这让华为在遇到危机时仍能保持整体运营稳健。

10.2 监管政策

10.2.1 安全可控——夯实安全的底层

没有网络安全就没有国家安全，网络安全和信息化是一体之两翼、驱动之双轮，是相辅相成的。安全是发展的前提，发展是安全的保障，安全和发展要同步推进。因此，网信事业应当让安全和发展同步推进。发展是硬道理，安全也是硬道理，没有发展是最大的不安全。

我国正在加快出台相关法律法规，并提出实现信息技术产品安全可控的明确要求。《中华人民共和国国家安全法》第二十五条明确规定"加强网络和信息技术的创新研究和开发应用，实现网络和信息核心技术、关键基础设施和重要领域信息系统及数据的安全可控"；《中华人民共和国网络安全法》第十六条明确要求"扶持重点网络安全技术产业和项目，支持网络安全技术的研究开发和应用，推广安全可信的网络产品和服务"；《网络产品和服务安全审查办法》(试行)则明确提出"提高网络产品和服务安全可控水平"。

2019年4月1日,《信息技术产品安全可控评价指标》系列国家标准（以下简称《标准》）正式实施。这是由全国信息安全标准化技术委员会（SAC/TC 260）提出并归口,并经国家市场监督管理总局、国家标准化管理委员会批准发布的国家标准。《标准》分为总则和具体评价两大块。总则涵盖了产品研发生产、供应链和运维服务的透明性、产品验证能力、供应链保障能力、服务保障能力等评价指标项,这些指标项构成了整体安全可控评价指标体系,具体指标体系从研发生产、供应链和运维服务3个角度覆盖了中央处理器、操作系统、办公套件和通用计算机产品。

安全可控的重点在于关键基础设施,而金融行业作为关键基础设施中重要的领域,理应将安全可控作为指导金融科技建设的重要依据。

10.2.2 金融科技规划

金融监管机构一方面积极响应安全可控政策,另一方面结合金融科技的实践和未来发展方向制定响应政策。2019年8月,中国人民银行出台了《金融科技（FinTech）发展规划（2019—2021年）》(下面简称《规划》),《规划》中明确了未来三年金融科技工作的指导思想、基本原则、发展目标、重点任务和保障措施。金融科技是技术驱动的金融创新。金融科技的基本原则是"守正创新、安全可控、普惠民生、开放共赢",充分发挥金融科技赋能作用,推动我国金融业高质量发展。

《规划》的发布背景有几点:一是金融科技成为推动金融转型升级的新引擎;二是金融科技成为金融服务实体经济的新途径;三是金融科技成为促进普惠金融发展的新机遇;四是金融科技成为防范化解金融风险的新利器。

《规划》也指出了如下问题:虽然我国目前在金融科技方面已

具备一定基础,但也要清醒地看到,金融科技的快速发展促使金融业务边界逐渐模糊,金融风险传导突破时空限制,给货币政策、金融市场、金融稳定、金融监管等方面带来新挑战;我国金融科技发展不平衡、不充分的问题依然存在,顶层设计和统筹规划尚有不足,各类市场主体在科技能力、创新动力、人才队伍、体制机制等方面相对失衡;产业基础比较薄弱,尚未形成具有国际影响力的生态体系,缺乏系统且超前的研发布局;适应金融科技发展的基础设施、政策法规、标准体系等亟待健全。

在此背景下《规划》进一步明确了以下 6 个关键任务。

一是加强金融科技战略部署,从长远视角加强顶层设计,把握金融科技发展态势,做好统筹规划、体制机制优化、人才队伍建设等工作。

二是强化金融科技合理应用,以重点突破带动全局发展,规范关键共性技术的选型、能力建设、应用场景以及安全管控,全面提升金融科技应用水平,将金融科技打造成为金融高质量发展的"新引擎"。

三是赋能金融服务,提质增效,合理运用金融科技手段来丰富服务渠道、完善产品供给、降低服务成本、优化融资服务,提升金融服务质量与效率,使金融科技创新成果更好地惠及百姓民生,推动实体经济健康可持续发展。

四是增强金融风险技术防控能力,正确处理安全与发展的关系,运用金融科技提升对跨市场、跨业态、跨区域金融风险的识别、预警和处置能力,加强网络安全风险管控和金融信息保护,做好新技术应用风险防范,坚决守住不发生系统性金融风险的底线。

五是强化金融科技监管,建立健全监管基本规则体系,加快推进监管基本规则拟订、监测分析和评估工作,探索金融科技创新管理机制,服务金融业综合统计,增强金融监管的专业性、统一性和穿透性。

六是夯实金融科技基础支撑,持续完善金融科技产业生态,优化产业治理体系,从技术攻关、法规建设、信用服务、标准规范、消费者保护等方面支撑金融科技健康有序发展。

金融机构要想在金融科技管理上有所作为,应认真学习并领会《规划》中关于安全的要求,积极配合各级监管机构做好网络安全风险管控和信息保护,防范新技术带来的风险。

10.3 新的安全方法论

10.3.1 新的安全方法论框架

如何应对不断变化的威胁和监管政策?某业界知名安全专家勾勒了面向未来的安全架构(见图10-1)。该架构包含3个安全平台:用于管控用户或者第三方访问的统一接入认证平台,基于云计算、软件定义网络和微服务的针对计算存储网络资源的整合管理平台,对金融机构最为宝贵的资产——数据进行安全管理的大数据安全平台。其中统一接入认证平台需要通过零信任(Zero Trust)模型来保证计算资源的需求方对计算资源的访问。另外,计算资源对后台大数据的访问需要通过CASB(云访问代理服务)有效管理云端及现场系统的身份验证和加密。

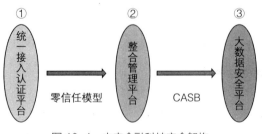

图 10-1 未来金融科技安全架构

10.3.2 新的安全架构方法

1. 零信任

针对身份盗用、数据盗窃、破坏性恶意软件等威胁，2010 年，Forrester 分析师 John Kindervag 提出了"零信任模型"。2014 年 12 月，Google 公布了 BeyondCorp 架构（见图 10-2）及其实施情况。Google 认为零信任中心思想是企业不应自动信任内部或外部的任何人、事、物，应在授权前对任何试图接入企业系统的人、事、物进行验证。

业界认为 BeyondCorp 的架构体现了零信任的理念：零信任的策略就是不相信任何人。除非网络明确知道接入者的身份，否则谁都别想进入。什么 IP 地址、主机之类的，不知道用户身份或者不清楚授权途径的，统统不放进来。

零信任模型打破了旧式"马其诺防线式"的边界防护思维。旧有思维专注防御边界，假定已经在边界内的任何事物都不会造成威胁，因而边界内部事物基本畅通无阻，全都拥有访问权限。

但安全业界认为，最严重的几起数据泄露事件，都是黑客进入公司防火墙等传统的边界之后基本没遇到什么阻碍就能访问内部系统所引发的。随着云计算、移动计算、影子 IT 等技术的发展，金融科技的安全边界变得模糊，很大程度上边界已经不存在了，纯内部系统组成的"堡垒式"的数据中心不再存在，企业应用一部分在办公楼里，一部分在云端——分布各地的雇员、合作伙伴和客户通过各种各样的设备访问云端应用。

具体而言，零信任的技术通过多因子身份认证、身份与访问管理、编排、分析、加密、安全评级和文件系统权限等技术来实现用户身份认证、用户终端安全，以及明确访问者应具备的条件和范围。

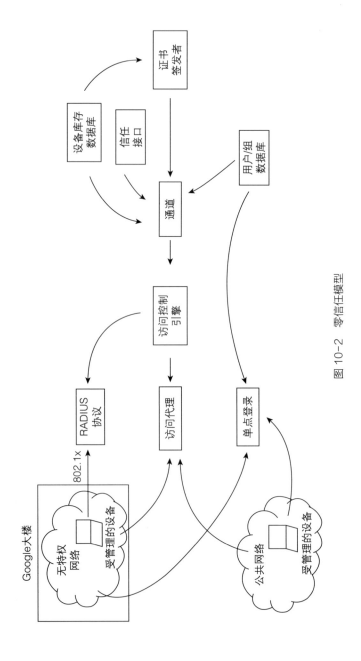

图 10-2 零信任模型

实现零信任的过程如下：首先诊断安全的问题和痛点；接着找到适合的产品；然后在充分考虑云环境、非云环境和迁移艰巨性的情况下，制定建设策略和迁移计划，做好思维模式的引导和方针的宣贯工作；最后就是认真贯彻策略、落地计划。

2. 云访问安全代理

随着云技术与虚拟化技术的逐渐普及，传统的金融 IT 架构也正在发生变化。现在一些金融机构和金融科技公司的部分业务系统托管在云服务商处，而实践中日常管理也使用 SaaS 化服务，例如使用类似阿里云邮、钉钉、企业微信等自有域企业邮箱或即时通信托管服务，其他对类似 HR、社保、报销、OA 等工作事务的管理都有相应的 SaaS 服务可供选择。在这种情况下，托管者往往会失去对业务特别是数据的安全控制权。

CASB（Cloud Access Security Broker，云访问安全代理）技术可以在保证拥有自身数据控制权的前提下使用云计算带来的低成本、高效率的服务。

CASB 技术的优势在于能够让用户自由使用云业务，同时满足安全需求和相关的合规性监管要求。Gartner 给出了 CASB 的 4 个能力支柱：Visibility（可见性）、Data Security（数据安全）、Threat Protection（威胁防护）、Compliance（合规）。CASB 可以根据实际情况采取如下 3 种部署模式。

- ❏ **纯网关型模式**：对访问 SaaS 的需求，金融机构会在网络出口处部署一套 CASB 网关设备，包括移动设备在内所有需要处理的 SaaS 服务均要通过网关代理。
- ❏ **控制器+云端能力中心模式**：用户网络内只有一个轻型的控制器用于策略执行、风险分析、数据加密等主要工作都在云端完成。
- ❏ **客户端+云模式**。在所有 SaaS 终端使用设备上安装 CASB

客户端 App。

从 CASB 应用案例来看，美国等国家的大型金融用户多使用第一种方案，第三种方案通常在用户已经有 MDM 系统的情况下使用，此时终端设备客户端配置及推送都较方便。但是在我国，由于国情不同以及金融机构上云的方式不同，CASB 规划部署的必要性和可行性还有待观察。

10.3.3　平衡风险和信任的 CARTA

在 2017 年 6 月份举办的"第 23 届 Gartner 安全与风险管理峰会"的开幕式上，Gartner 创造性地提出了一个全新的战略方法——CARTA（Continuous Adaptive Risk and Trust Assessment，持续自适应风险与信任评估）。该战略方法强调要持续地、自适应地对风险和信任两个要素进行分析评估。随着高级威胁出现日益频繁，依赖先验性知识的传统安全方法已不能适应这个高速发展的数字化时代。威胁与防护是一个动态平衡的过程，不应苛求零风险，而应追求 0 和 1 之间的博弈。为体现数字时代的特征，在传统的 CIA（机密性、完整性、可用性）三要素的基础上，CARTA 增加了三个新要素——PSR（隐私性、安全性和可靠性），并强调"程序、原则、情景、智能"这四种能力的建设。

CARTA 中的"风险"是指网络中存在的安全风险，包括攻击、漏洞、违规、异常等；"信任"是指要有判定身份的过程，要进行访问控制；"自适应"是指在判定风险（包括攻击）的时候，不能仅依靠静态规则进行识别和阻断，还要在对网络进行监测与响应的基础上进行识别和阻断，另外，在我们进行身份与访问控制的时候，也不能仅依靠简单的凭据，还需要依靠访问之间的相互联系和访问行为采取综合研判、动态赋权等措施；"持续"是指这个风险和信任的研判过程是持续不断、反复多次进行的。

CARTA 的具体工作原理是将一个访问行为、一个业务应用调用、一个网络活动等访问控制活动及相关场景数据作为输入，通过持续评估，输出针对此次访问控制活动的决定。

这种动态的、自动化的、自适应的安全网络能够适应技术发展趋势，对于难以通过传统手段制定访问控制规则的网络攻击，配合欺骗式技术，可以让攻击者的攻击难度大幅度增加，真正起到主动式防御效果，同时节省大量人力和时间，不用再去查看各类日志。在针对安全事件启动应急响应预案等方面，CARTA 可以提供传统安全战略无法提供的能力。

Gartner 认为，构建 CARTA 可以从规划、构建、运行这 3 个层次展开：在规划层面，要明确安全与风险战略的核心愿景是构建一个可信任的、弹性的 IT 环境，使得企业能够顺利且充分地参与到数字经济中去；在构建层面，通过合作构建生态系统，其核心架构是 DevOps，开发安全的核心架构是 DevSecOps；在运行层面，需要从信任的角度进行访问控制，从风险的角度进行防御。

10.4 小结

金融科技安全的发展趋势整体上有两条主线。

第一条是**坚持"信念不动"**：坚持"安全为金融发展提供支撑，不发生系统性风险是底线，安全可控"的原则。

第二条是**变化**：要"拥抱变革"，在进行金融科技业务和技术的决策时要能对快速变化的环境、业务发展面临的新的安全威胁和挑战、响应的政策、技术发展等因素提前进行考虑。

只有把握住这两条主线，才能在快速变化的时代中在金融科技安全建设上有所作为，为企业未来发展、科技赋能保驾护航、抢得先机。

推荐阅读